EDUCATION

DISCOVERY

为 教 师 立 言

教育发现

教育是一场
温暖的修行

高光／著

JIAOYUSHIYICHANG
WENNUANDEXIUXING

山东文艺出版社

图书在版编目（CIP）数据

教育是一场温暖的修行 / 高光著 . -- 济南 : 山东
文艺出版社 , 2024. 9. -- ISBN 978-7-5329-7276-0

Ⅰ . G40-53

中国国家版本馆 CIP 数据核字第 2024F6735A 号

教育是一场温暖的修行

JIAOYU SHI YICHANG WENNUAN DE XIUXING

高 光 著

主管单位	山东出版传媒股份有限公司
出版发行	山东文艺出版社
社 址	山东省济南市英雄山路 189 号
邮 编	250002
网 址	www.sdwypress.com

读者服务	0531-82098776（总编室）
	0531-82098775（市场营销部）
电子邮箱	sdwy@sdpress.com.cn

印 刷	山东新华印务有限公司
开 本	710 毫米 × 1000 毫米 1 / 16
印 张	14
字 数	174 千
版 次	2025 年 2 月第 1 版
印 次	2025 年 2 月第 1 次印刷
书 号	ISBN 978-7-5329-7276-0
定 价	55.00 元

序一
期待区域教育的"高光时刻"

汤　勇

　　和高光相识，是通过"《教育家》交流群"。三年前，我们由"《教育家》交流群"成了微信好友。接下来的交流中，我了解到他是一个百万人口大县分管中小学教学工作的总督学。

　　后来，我常在他的朋友圈读到他的教育随笔，他文笔清新，文思敏捷，观点新颖，读起来，轻松酣畅，如品香茗。与他交流，知道他从小就喜欢文学，大学时尝试创作过小说，后来写散文和教育随笔，用文学的笔触感悟教育、链接教育、言说教育，他的文字可读、耐读。

　　2022年6月，因工作外出，有机会仔细打量高光，高高的个儿，瘦瘦的身材，架着一副眼镜，看起来精明干练，文质彬彬，眼神灵动，充满智慧之光。"高光"，其人、其姓名、其气质神韵，竟如此高度契合！交谈中，我大致了解了他的经历，他有过学校管理经历，还曾在潍坊寿光市教体局挂职。他谈起潍坊的教育，如数家珍，头头是道，看得出他学习的认真专注，以及潍坊教育改革对他深远的影响。

一番交流，让我对高光有了较为深入的了解，他低调谦虚，不主动发表意见，但讲话时思路清晰，也很接地气，他有思想、有情怀，对办学校、做教育有想法、有办法。

2023年4月，中国陶行知研究会农村教育专委会在福建省霞浦县召开理事会，鉴于他在乡村教育方面的深度思考和实践探索，我特意邀请他参会，开启了我们携手学陶师陶践陶的同行之路。目前，他的乡村教育论坛开办得有声有色，他还把陶行知教育思想的火种在齐鲁大地广为播撒。

高光喜欢阅读，坚持阅读，阅读成了他的生活方式，也成了他生命成长的美好姿态。作为分管全县中小学教学工作的总督学，他的阅读，不仅仅是他个人的事，而是对整个区域阅读的引领，对全县师生阅读的一种推动。在不停阅读，持续"输入"的同时，他还笔耕不辍，坚持写作，及时"输出"，我经常在《中国教师报》《德育报》《山东教育》等报刊以及"校长派""校长会"等教育公众号上读到他的文字。他还开办了"小石榴读书"公众号，带动全县师生一起写作。

我曾提议他整理近几年的教育文字，出版一本教育专著，他当即提出希望我为书作序。缘于对教育的共同热爱，对乡村教育的共同关注，我爽快地答应下来。2024年春节前，他发来书稿《教育是一场温暖的修行》，单是书名，我就很感兴趣。因为2021年我出版过一本书《教育是美好的修行》也用了"修行"二字，目前这本书已重印多次，当年入选《中国教育报》"教师喜爱的100本书"。因为种种的缘分，我几乎一口气读完书稿。

这本书是作者近年来对教育的躬耕实践和思考感悟的汇集。细细品读，这其中有对教育事业的情愫，对教育常识的坚守，对教育理想的追求，对生活教育的眷恋，对自我提升的渴望，也有对教育现实的建议和设想。他的教育实践与收获，理解与思考，感悟与启迪，心愿与期盼，相遇与邂逅，如同滴滴清露，缕缕花香，无声无息间浸润在作者看似平淡朴素，却洗尽铅华、留得余香的字里行间。

第一辑"教育要按规律办事"，是作者对教育常识、教育规律、校园文化、学校管理、教师成长的深度思考。阅读这些文字，可以了解他对教育的基本认知与判断。其中多篇文章讲到校园文化，比如："教育需要坚守，坚守教育的自然本质，坚守教育的朴素情怀，坚守教育的田园牧歌，留住学校的那一分'土气'，让孩子自由地呼吸，尽情地嬉戏，快乐地成长。"这些观点与我提倡的"朴素而幸福"的教育不谋而合。他还通过文字引导教师都成为悦读者，做学识广博、业务精湛的"经师"，修炼"跨界"才艺，做德艺双馨、身正为范的"人师"，点亮学生梦想，助力学生成长。他还总结出作为校长要"善意待人"的观点，他说：你的举手投足，师生尽收眼底；你的言行举止，影响着师生的行为；你的人格魅力、文化底蕴和管理才能，感染着师生教与学的热情和激情。

在第二辑"静听石榴花开"中，作者以教育观察者的视角，对学生作文比赛、毕业典礼、"青蓝工程"师徒结对等活动进行了真实记录。这些活动虽然再平常不过，但经他的解读，变得更有教育价值和意义。比如在乡村学校开展诗歌教学，他反思道：诗歌是光，在照亮别人之前，首先照亮自己；诗歌是光，让读诗的孩子感受爱，理解爱，付出爱；诗歌是光，让乡村孩子在童年与诗歌相遇；诗歌是光，让乡村孩子追逐光，成为光。

第三辑是"与优秀的人'在一起'",记录了作者几段难忘的教育交往。读万卷书,行万里路,阅人无数,这是最好的学习,最好的成长。他在潍坊挂职期间结识的专家型校长,对他的影响深远。与优秀的人在一起,汲取他们身上值得借鉴的特质,去丰富武装自己,进而带动更多的人成长,这是高光的高明之处。他写道:一位好校长就是一所好学校,在农村体现得尤为明显,在莘县,一批农村小学校长正通过努力,带领教师办好老百姓家门口的学校。

第四辑"在读书中发现自己",是高光坚持教育阅读的点滴感悟,也是他的阅读观的反映与折射。读《做有温度的教育》,让他反思:作为县域教育管理者,怎么看待乡村教育,决定一个县域教育的走向。读《徐言漫语》,让他明白:"尊重教育"的校园生活令人憧憬和向往,"尊重教育"的校园生活值得我们追随和践行。读《在峡江的转弯处》,让他懂得:在转弯处转弯,看似是一种放下,其实也是一种执着。

第五辑"教育是一场温暖的修行",是高光的修心记录,讲述了他个人的经历和行走,这些使他教育思想的底色进一步铺展开来。在这一辑,我们可以大概领略他扎实而富有张力的文字功底,以及深沉而细腻的情感表达。无论写人还是写事,他都饱含感情。如写女儿:人能如一潭清水,波澜不惊,澄澈见底,又能心静如常,永葆婴儿般的纯洁天真,这不就是我们向往的归宿吗?如写事:那间小客栈外出旅行的老板,那个咖啡馆内读书的女孩,让我感动,又让我羡慕。真想多一些静下来的时间,去读一本书,去走一段路,去想一个人,去反省自己。

我一贯主张朴素的教育,不仅教育的理念要朴素,教育的思想要朴素，教育的要素要朴素，教育的方法要朴素，教育的表达也要朴素。高光的文字，没有华丽的辞藻，没有深奥的道理，没有时髦的概念，每篇文章都立足现实，着眼当下，做了什么就讲什么，感悟了什么就谈什么，平铺直叙，娓娓道来，不徐不急，不紧不慢，如拉家常，平和舒展，又如高手过招，不留痕迹。

这是高光的第一本书，我由衷地期待他以此为起点，在专业发展的道路上，厚积薄发，行稳致远，在教育阅读与写作的道路上，从容自信，阔步前行，写出更好的文章，出版更多的专著，影响带动更多的教育人。

行文至此，我还想到，区域教育是中国教育的局部，区域教育发展得好，中国教育就会好。我以为，我们的区域教育如能涌现出更多像高光一样有思想、有情怀的教育家型领导，中国教育便会迎来她的"高光时刻"！

2024 年 4 月 6 日于阆苑古城

（汤勇，中国陶行知研究会农村教育实验专委会理事长，二十一世纪教育研究院常务学术委员，曾任四川省阆中市教育局局长。）

序二
区域教育需要教育家型管理者

柳袁照

有这样一句话：心里有远方，到处都是风景，心中有诗意，无论看什么都有诗意。借用到教育工作中，我要说：管理者心里有什么，他看到的区域教育就是什么。这不是武断，事实就是如此。一个区域教育如何，很大程度上要看管理者。管理者的状态，会影响区域教育的状态，短时间不明显，时间长了就会显现。所以，区域教育呼唤教育家型管理者。

去年，我就认识了一位教育家型区域教育管理者，他就是山东省莘县教体局业务副局长高光。那是暑假期间，莘县教体局举办全县中小学分管教学副校长管理能力提升研修班，请我作讲座。高光主持开幕式，开场一席话，让我坐直身子：内行、有思想、有学问。我喜欢讲座时互动，会不经意地提问，高光我也不放过，提问、回答，再提问、再回答，他别开生面的见解，令人耳目一新。一场讲座竟然让我们成为朋友，我很乐意结识这样一位"忘年交"。

高光出身教育世家，有着良好的家风传承。他做教师，做学校的纪委书记和副校长，做业务副局长，做学校的党支部书记，每一个岗位都用心用情，做出了不俗的成绩。他勤于学习，读了许多书。他有情怀，写得一手好散文。他笔耕不辍，坚持记录教育实践的所思所想，也记录自己从中所收获到的成长。前不久，他发来一部书稿《教育是一场温暖的修行》，希望我写序，我欣然同意。

阅读书稿，我的感受是：这是县域教育的原生态，一位管理者眼中的教育场景，丰富立体，真实感人，令人向往，同时，也是一位县域教育管理者的教育思想史和个人成长史，真实地反映了他的教育情感、态度和价值观。高光眼中的教育，姿态是如此美好、美妙。他的文字鲜活，表现出的教育现场鲜活、事件鲜活、人物鲜活。正如他自己在后记中所说，"一切教育理念，缺了鲜活的实践，都是冰冷的，书中文章都是实践的感受和思考……"这个自我评价，诠释了本书的特点，具体我以为有这样几个：

一位教育管理者眼中的一个个细节：饱满而丰富多彩

一个人眼中有没有细节，可以看出一个人的素养与性情。教育的细节就是教育的品质。书中有无数的细节，可以说这是一本细节汇聚的教育随笔集，在此不妨摘抄两处。一处是为推进高中阶段教学工作改革，培养学生思维品质，留给学生思考的时间和空间，让学生经历思维过程，把课堂还给学生，使教育返璞归真，作为一位基层教育管理者，他以"采访人"的身份到现场：

此次二轮复习研讨会上，莘县实验高中白珍珍老师执教《小说作品意蕴的探究》一课，第一次大胆尝试以"对分课堂"形式上高三复习课。精讲留白环节做引导性、框架式讲授，以教材中《百合花》为例，阐明意蕴的含义，讲授高考中意蕴类题目的设题方向，分析答案相通之处，但不说出答案；独学讨论环节，把总结考查角度和答题技巧的任务留给学生独立完成，教师未多说一句话，小组讨论采用"亮考帮"的形式，四人一组，组内人人参与，没有学会的同学虚心向同伴请教，已经学会的同学指导同伴的同时，又发现自己思考的不足；师生对话环节，学生展示小组讨论成果，提出组内未解决的问题，教师在纠正补充的基础上有针对性地答疑解惑，整节课参与度高，教师的讲解直击学生学习中的疑难点，营造出愉悦、高效的课堂学习氛围。

另一处为，他参加了全县高中生现场作文比赛颁奖典礼，这是各学校学生语文学科素养的一次集中展示，他说面对孩子们展现出来的执着与热爱，青春与梦想，再华美的语言也会显得干瘪和浅薄，他从孩子们身上学到了很多，与他们融在一起，一起热血奔流：

> 放在人生长河中，一次比赛只是一朵浪花，但孩子们的表现，让我深切地感受到，后生可畏，未来可期。谁说"00后"是垮掉的一代，不负责任的一代？在觉醒的年代，一群青年人怀揣理想，坚守信仰，活出了青年人最好的样子；百年之后之青年，正在传承"爱国、进步、民主、科学"之精神，定能成为国之脊梁，成为实现中华民族伟大复兴的中坚力量。

一位教育管理者眼中的一个个课堂：鲜活而意味深长

高光作为一位区域教育管理者，把自己工作的现场放在课堂，这是难能可贵的。他在《课堂四问》中，根据课堂观察提出，课堂上要允许学生答错，甚至老师也可以故意犯错，来引导学生质疑、观察、思考、探究。与此同时，课堂提问也要讲究科学性，提高有效性，培养学生的多重思维，这就需要教师转变课堂观念，因生设题，不同课型设置不同题目，引导而不限制，发展而不束缚，激发、点燃、开拓学生思维的深度和广度。

在《小学"四步一法"习作模式初探》中，他指出作文评改应围绕作文目标及学生作文完成情况确定具体修改目标，要摒弃书面整洁、格式正确、无错别字、标点正确等面面俱到的笼统标准，引领学生读文、看篇、找病（优）点，让学生学有例子，改有方法，"师生共评改""小组合作改""学生自主改"，指导与评改同时进行，当堂落实，在合作探究中完成对作文的修改提升。同时，在课后通过习作"小先生"，运用"分项评价法"再次与作者互动，提高作文质量，老师批阅完善后的作文，为"赏赏"课做准备。评价法遵循由浅入深、由易到难的原则，从低段到高段制定明确的评价标准，教会学生正确运用。

作者真是一位专家型的管理者，课标意识、课改意识强，他将拓展性、研究性、跨学科主题学习，五育融通，等等，各个领域都打通了。他还挖掘教学内容的教育价值，在教学实践中善于运用课程标准的理念分析当下文化现象、社会生活等，并能够不失时机地进行学科教育和综合素养教育，最终落实立德树人的根本任务。

一位教育管理者心中的一个个追问：现实而耐人回味

高光是善于思考的人，他在日常教育生活中善于追问，这是他的不断追求，也是教育管理者最难能可贵的品质。

他对理想的课堂有着自己的见解：从课堂教学来说，让教师减少话语比增加话语更难；好的课堂，应该是让学生多说多做，教师少讲精讲，留给学生更多质疑、思考、交流和表达的机会，这样才是坚持学生主体地位，让学生站在课堂中央。

他提出教师要敬畏课堂，把每次课堂当作自己与自己的同课异构，当作与不同学生共同切磋的成长舞台。

他说看似完美的课，其实是值得反思的课，一节课老师提问了十几次，师生问答堪称行云流水，学生标准答案式的回答与老师精准的评价不谋而合，整节课完全在老师股掌之间，这样的课是要引起警惕的。

他提倡课堂上要有思维可视化的教学，而思维导图是个不错的选择，它把本来不可视的思考方法和思考路径清晰地呈现给学生，学生在老师的引导下，打破原有的片段化思维，逐步建立起完整的知识体系。

他对组织学生比赛活动有自己的价值定义——一场比赛究竟要给大家留下什么呢？我想应该是生命成长的体验，比赛设置的不同等级的奖项，应该化作学生根据自己的实际，给自己设置的不同目标。为了目标而全力付出过，拼搏过，流过汗，流过泪，哪怕最终没有拿到理想的奖项，谁又能说不是一种成功呢？

他重视校园里的树，把树视作校园文化的重要组成部分，在他看来，急功近利的教育者，一定培养不出热爱自然、有人文情怀的未来人才。

他有着敏锐的眼光，走进学校、课堂总能捕捉到教育的闪光点，他曾带几位校长去峡山双语小学，有两句话让他颇为震撼，一句是"学校拼命对老师好，老师拼命对学生好"，还有一句是"谁离孩子近，谁的水平高"，他认为这两句话回答了我们为何出发的问题——教育不是为了上级的荣誉，而是为了学生，基于孩子的实际和需要，才是教育的出发点。

著名教育家苏霍姆林斯基曾说：一个校长对学校的领导，首先是教育思想上的领导，其次是行政上的领导。现代管理学之父彼得·德鲁克曾说：管理的本质就是启发每一位员工身上的善良和潜能，如果真的能做到这一点，就不仅仅是管理了，这是文化引领的结果。高光对于教育教学的管理，不依赖行政手段，而是把自己融入具体的教育实践，以价值观去引领和带动，他的这些管理特点，值得大家学习和借鉴。

2024 年 4 月 5 日

（柳袁照，"诗性教育"倡导者和践行者，江苏省特级教师，苏州市十杰校长，曾任百年名校苏州十中校长、北大培文学校总校长等职。）

目录

教育是
一场温暖的修行

▶ **第一辑 教育要按规律办事**

学校要留一分"土气"   / 3

校园里的树   / 7

让报栏回归校园   / 14

让校歌在校园唱响   / 17

校长要善意待人   / 20

办名副其实的实验学校   / 26

教育要按规律办事   / 30

每一位教师都应当成为阅读推广人   / 36

教师的"跨界"才艺   / 39

▶ **第二辑 静听石榴花开**

用"对分"模式推进教学改革   / 47

放手的力量   / 51

课堂四问   / 56

小学"四步一法"习作教学模式初探   / 61

静听石榴花开   / 64

让学校成为教师成长的摇篮   / 68

坚信优秀品质的力量　　　　　　　　　　／ 70

让诗歌成为照亮乡村孩子的一束光　　　／ 75

给学生一个舞台，还你无限精彩　　　　／ 79

最后一课，不如来一场毕业典礼　　　　／ 83

▶第三辑　　与优秀的人"在一起"

苏霍姆林斯基阅读的引路人　　　　　　／ 91

让学生站在学校中央　　　　　　　　　／ 97

教育的最好方式是讲故事　　　　　　　／ 100

把问题当课题，变难点为亮点　　　　　／ 103

让专家当校长，让校长成专家　　　　　／ 107

与优秀的人"在一起"　　　　　　　　／ 112

以诗人的情怀做教育　　　　　　　　　／ 121

身边有好校长，家门口才有好学校　　　／ 128

▶第四辑　　在读书中发现自己

学校应该是一个有诗意的地方　　　　　／ 135

解锁县域教育发展的密码　　　　　　　／ 139

见微知著做教育　　　　　　　　　　　／ 144

做"尊重教育"的践行者　　　　　　　／ 149

用"看见"照亮孩子的心灵　　　　　　／ 154

爱是理解和尊重　　　　　　　　／ 158

在转弯处转弯　　　　　　　　　／ 164

在读书中发现自己　　　　　　　／ 168

▶第五辑　教育是一场温暖的修行

我的教育朝圣　　　　　　　　　／ 175

奔赴教育的"向云端"　　　　　　／ 178

教育是一场温暖的修行　　　　　／ 183

倾听心灵的对话　　　　　　　　／ 187

遇见书店，遇见自己　　　　　　／ 191

静下来的时候，我在同里　　　　／ 194

他改变了我　　　　　　　　　　／ 196

写在女儿的百天　　　　　　　　／ 199

后记　我从未想过要写一本书　　／ 202

教育要按规律办事

　　教育的本质是一棵树摇动另一棵树，一朵云推动另一朵云，一个灵魂唤醒另一个灵魂。

——雅斯贝尔斯

学校要留一分"土气"

教育需要坚守，坚守教育的自然本质，坚守教育的朴素情怀，坚守教育的田园牧歌，留住学校的那一分"土气"，让孩子自由地呼吸，尽情地嬉戏，快乐地成长。

一个夏天的午后，我到一所农村小学调研，整个校园没有一棵树，水泥硬化到边到沿，没有树荫，没有花香，甚至看不到一点土，太阳炙热地照在水泥地上，给人一种窒息的感觉……

一些新建学校规划设计一味追求"洋气"，建筑风格西化，教学楼修成城堡样式，校服换成西装领带，整个校园找不到一点传统文化元素……

幼儿园环境创设更是千篇一律，户外活动场地先硬化，再铺上人工草皮，安装几个大型滑梯玩具，园门外是裸露的土地，园内绿"草"如茵，从小给孩子一种"假"的教育……

环境对孩子成长的影响是潜移默化的，现代化替代不了自然，教育需要接地气，建立起学生与自然的联结，因而学校要留一分"土气"。

绿色是校园的颜色

每次走进校园，我都希望找到一棵留存校园记忆的大树。随着时光流逝，校园建筑可能不复存在，但大树作为校园历史的见证者，陪伴着一批批孩子走进、走出校园。绿色代表着生机和活力，草木葱茏，光影参差，人文气息与自然美景交相辉映，才是校园应有的模样。急功近利的教育者，一定培养不出热爱自然、有人文情怀的未来人才。

校园要留一片土地，可以种上观赏的花，结果的树，或者辟作学生的种植园，让孩子浇水、施肥、观察、记录，与植物共同生长。校园不仅要有书香，还要有花香、草香和泥土香，这样的校园才接地气，有生气，显灵气。

传统是校园的底色

中华优秀传统文化博大精深，本身就是一座浩瀚的教育宝库，蕴含着丰厚的精神力量：横平竖直的汉字，代表中国人的性格和气象；汉赋、唐诗、宋词、元曲，字字珠玑，妙笔生花；"老吾老以及人之老，幼吾幼以及人之幼"的仁爱，"己所不欲，勿施于人"的利他，"为天地立心，为生民立命，为往圣继绝学，为万世开太平"的理想……传统文化注重知行合一，学以致用，弘扬传统文化，重在践行，春风化雨，润物无声。

走进寿光市圣城中学，"五廊两园一室一广场一书院"十大校园文化景观的创设，"三圣教育3+1"课程体系的建构，无不体现着齐永胜校长文化引领发展的理念。"三圣文化"被引入课程："文圣"仓颉，象征"传承与发展"，在传承中求发展，让生命丰富，灵魂丰盈；"农圣"贾思勰，象征"教育即生长"，让教育为师生提供生命保障；"盐圣"夙沙氏，象征"教育即生活"，让师生生活有滋有味，生命充满力量。"文圣课程"，即文史、文艺、文礼，它是基础课程，讲求文化于心；"农圣课程"，即农慧、农健、农本，它是主题课程，讲求农重于行；"盐圣课程"，即研探、研思、研创，它是兴趣课程，讲求研明于理。

种树者必培其根，种德者必养其心。学校是文化传承的主阵地，青少年阶段是人生的"拔节孕穗期"，教育者要善于挖掘传统文化中的教育元素，将传统文化渗透到校园文化和课堂教学中，以传统文化规范言行举止，用传统文化引领精神成长，引导青少年了解历史，关注当下，厚植家国情怀，增强文化自觉和文化自信，让个人发展融入国家发展中。

继承传统本身就是一种对话，传统文化让我们懂过往，知来路，明方向，有力量，如此才能行稳致远。

朴素是校园的本色

陶行知先生说："千教万教教人求真，千学万学学做真人。"教育的道理往往是朴素的，教育不能一味求新，盲目跟风，要不得花拳绣腿，追名逐利，这就要求教育者要在浮躁的社会里，克服欲望与功利想法，敬畏教育规律，坚守教育良知，永葆教育情怀，回归教育常识，探求教育本真。

在这里，必然要提及寿光市圣城小学的办学思想：让学生站在学校中央。怎么站在中央？学本课堂上，孩子们自信地展示自我，体现学生为本；校园环境创设上，从校名到"三风一训"，校园可见文化全部出自学生之手。走进潍坊峡山双语小学，我被一组"峡小话与画"吸引。赵丰平校长说，要把松树培养成好松树，而不是把松树培养成柳树；王守海校长说，学校拼命对老师好，老师拼命对学生好；韩相福校长说，谁离孩子近，谁的水平高。没有高大上的标语，都实实在在，让教育落地扎根。

那些被我们认为过时的"老一套",往往是千锤百炼出的真经。比如:没有爱,就没有教育;一分耕耘,一分收获;教是为了不教,学是为了会学;教育是农业,而不是工业;一把钥匙开一把锁;教育是一种慢的艺术;教育与人生一样,重要的是过程……对于教育者来说,敬畏教育常识,积极践行创生,真正的、朴素的教育就会在我们身边发生。

教育需要坚守,坚守教育的自然本质,坚守教育的朴素情怀,坚守教育的田园牧歌,留住学校的那一分"土气",让孩子自由地呼吸,尽情地嬉戏,快乐地成长。

校园里的树

校园里，陪伴孩子成长的，除了老师，还有那些高高矮矮、萌芽展叶、抽枝拔节、结苞绽放、硕果累累的树，一簇簇，一丛丛，郁郁葱葱，生机勃勃，与老师和孩子们构成了一幅共同生长的生命图景。

记忆·想念

我第一次路过寿光圣城小学，就被门口的一棵大树吸引了。它屹立在校门口的一角，像一个卫兵，默默地站岗，日夜守护着校园；又像一位老人，撑起一把大伞，为孩子们遮风挡雨，教孩子们顶天立地。

后来有机会访问圣城小学，我提到了那棵让我震撼又时刻想念的大树，韩高波校长拿出两位毕业生的信给我看。

一封来自 2005 届毕业生徐镜涵，现就读于美国宾夕法尼亚大学。她写道："这树不是一个徽标，不是一座雕塑，是真实存在的、鲜活的、不断成长的一棵树。无论我参与了多么残酷激烈的竞争，怀抱了多少失落或玫瑰香气，被真实世界推搡了多少次去做一个所谓的大人，在我无意间路过这棵树的时候，内心都会再度归于平静。就像你兜兜转转，又再次回到了最初的开始。"

另一封来自 2013 届毕业生邱静，她写道："七年级，我又一次经过小学门前，它一如既往地站在那儿，就像一位可敬的老师，在烈日炎炎的夏天，或是狂风怒号的冬天，任劳任怨，挺拔地站在门口，没有一丝的不满和厌倦，每天目送着我们走入、离开。是它教会了我坚持和责任，教会了我不畏艰难，勇敢挑战。"

寿光挂职学习回来，我还常想起那棵大树。那棵陪伴师生成长的大树，竟也成了我魂牵梦绕的精神故乡。大树，因为种植在校园，而成为师生心头永远的挂念。

精神·激励

挂职期间，我参与了寿光市教科研中心组织的教学视导活动，到过很多学校，其中给我留下深刻印象的还是校园的那些大树，还有大树背后，那些不遗余力地保护、挖掘、发挥大树的教育意义和功能的校长和老师们。

其中一所学校，把大树从幕后推向了台前，做足了树的文化。广陵学校是一所偏远农村学校，经先后两任校长和全体师生精心策划，提出了"让校园留下故事，让人生更加精彩"的办学理念，打造出了充满生机和活力的"故事校园"——一棵大树的故事、一树一村的故事、从百草园到三味书屋的故事……

一棵大树的故事。在校园的一角，有一棵与学校同岁的杨树，栽于1985 年，它见证了广陵学校的历史变迁，日复一日，寒来暑往，历经沧桑，守护着美丽的校园，陪伴一批又一批广陵学子读书学习。一棵小树怎样才能长成参天大树呢？张汉川校长总结了五种精神。

一是时间。没有一棵大树是树苗栽下去，马上就变成大树的，一定是岁月刻画着年轮，一圈圈往外长。只有经年累月，树木最终才能枝繁叶茂。成功，不是一朝一夕，一蹴而就的事情，一定离不开时间的洗礼、岁月的滋养。

二是坚守。一棵小树苗，一定是经风霜，历雨雪，屹立不倒，最终才成长为一棵大树。成功的前提之一，是学会坚持，坚守信念，不能朝令夕改，面对困难，不能轻言放弃，要以积极的心态去面对。

三是扎实。大树有千百万条根，粗根、细根、微根，深入地底，不停地吸收营养。对于成功而言，学习力是至关重要的一种能力，善于学习，乐于学习，并不断从学习中汲取营养，升华智慧，夯实知识根基，才能厚积薄发。

四是向上。一棵成材的大树，绝对不是只向旁边长，长胖不长高，一定是先长主干再长细枝，一直向上长。想要成功，需要将自己的目标化繁为简，瞄准主要目标全身心投入，矢志向前。

五是阳光。阳光是树木生长的希望所在，大树知道必须为自己争取更多的阳光，才能长得更高。想要成功，必须有一颗阳光的内心，始终宣扬、传播正能量，如此，目标才会变成现实。

一树一村的故事。广陵校园甬路两旁，栽种着两排整齐的法桐，上任校长刘明举向我介绍，他号召学校党支部采用"金点子"创意征集的形式，制作了"一树一村"美丽村庄文化牌，以学校片区内的村庄名字命名，文化牌上有村碑照片、村内古今名人轶事、中华传统经典名句，还有该村走出来的优秀学子简介，既帮助孩子们了解家乡的人文历史，又促使孩子们产生热爱家乡的情感，激发他们的学习动力。

刘明举校长是一位沉着冷静、善于思考的人，他极富教育情怀，充满教育智慧，是广陵校园文化的最初设计者，每次与他交流都能学到很多。他说，孩子们自觉为村树浇水施肥，课间饭余，孩子们三五成群，围树而坐，交流学习，探寻梦想，这是课堂的一种延伸，是教育的一种拓展……

从百草园到三味书屋的故事。广陵学校将操场边狭长的四亩地，建成一处"百草园"；还非常注重书香校园建设，将学校的门厅、楼梯建成开放式图书架，让孩子随时能触摸到书。刘明举校长称之为"从百草园到三味书屋"。

老师们经常带孩子到"百草园"里观察大自然，撰写观察日记、组织作文评选。初中部的老师还借助"百草园"中两棵文冠树"文冠"的美好寓意，在毕业前请孩子们依次从两棵树中间进入，穿过"读书长廊"，最后从校树"一棵大树"下走出来。并且每年中考前的100天，初三的孩子每天都从这条"成功路"走过，感受树的伟大，接受树的激励。

现任校长张汉川，每年将自己的感悟和读书笔记印成文集，他在2020年的文集《做行走的思考者》序言里写道："希望这本集子，能让大家在忙于繁杂、琐碎工作的同时，静下心来，在行走的同时，有一点思考，如果对大家的工作有一点点帮助，也算没有浪费这些纸张。"我和他总共接触过两次，便成为交心的朋友，他执着、坦率、正直，不唯上，不盲从、不迎合，特别是那股书生劲儿，给我留下深刻印象。

张校长告诉我，除了高中三年、大学两年，他一直守护在这所学校。我在想，树犹人，人犹树，他不就是那棵大树吗？扎根农村三十余年，用时间的坚守，扎实向上的韧劲，引领一代又一代农村子弟走向成功。

奉献·延续

我还要再讲一个故事，是一棵死掉的松树的故事。在圣城中学一进门的草坪上，有一个粗树桩做成的圆桌，四个细一点的树墩做成的凳子，以及两个长树干做成的长椅，课间饭后，孩子们常坐在这里，或交谈，或读书，成为校园的一景。

草坪边竖了一块木牌："我原本是一棵松树，一棵枝繁叶茂、高大挺拔的雪松，在这里生长了近三十年。曾经，我为师生带来一片阴凉，送去一抹新绿，美化校园环境，陪伴学生成长。如今我老了，但我没有变成一堆废柴，在师傅们的精心雕琢下，我的根部变成了一个圆桌，树干变成了两条长椅，树枝也变成了精美的艺术品。师生们仍然可以在这里休憩、读书，我的生命又重新焕发了生机。不管什么时候，为师生服务，实现自我价值，都是我不变的信念。"

无独有偶，在圣城中学附属幼儿园的小园地里，也有一棵死树，歪歪斜斜地半躺在地上。孩子们爬上爬下，抓着树干打提溜，玩得不亦乐乎，没有人把它当作一棵死树，一切都那么自然。世界那么大，万事万物本就千奇百怪，不是所有的树都直挺挺地向上生长，如同孩子的成长一样，不应该用一个模子去雕刻。

我曾跟齐永胜校长开玩笑，这两棵树都死了，你也不肯放过人家，他笑而不答。后来读到他的文字："学校不仅是孩子们学习知识的地方，也是给孩子们留下童年记忆的地方，更是孩子们梦想起航的地方。"我才真正理解了他的用意。

启蒙·传承

寿光中学是一所老学校，校园内不光有复原的始建于 1869 年的"北海书院"和很多老房子，一棵棵的大树，更是被有心的教育人保护起来，并标注上年份。1981 年的杨树、1986 年的梧桐……还有一棵柳树被标注"1965 年以前"，据说是问及一位 65 届校友，说在他上学时那棵树就在。生命就是如此，无论时间怎样流淌，总会有一种精神被一代一代传承。这些大树，见证着教育的传承，给校园增添了浓重的时代感。

在高端大气、现代化的寿光二中新校，我看到了另一种传承。行政楼前的广场上，有一棵海棠树，被一圈石凳围了起来，树下有一块石头，刻着"合和"两个大字，下方有两行小字："该海棠树于1992年3月栽植于寿光二中老校西花园，2017年7月随新校搬迁移植于现址。""合和"本是学校的办学理念，即整合学校、家庭、社会力量，促进教师、学生、家长同向同频和谐发展。在这里，它又被赋予新校与老校"一脉传承"的寓意。

在寿光，我看到的最大的一棵树，要数孙集的银杏树了。去乐义实验小学途中，很远就可以看到它，它高29米，树围5米，宛如擎天巨伞，遮天蔽日，秋日白果累累，一片金黄。2003年它入选"寿光新八景"，名曰"银杏承云"。它本是一棵栽植于校园操场的树，后来银杏小学撤并，校址改建幼儿园，操场成了村民广场。

校园虽已不在，但只要大树在，就留有校园记忆的根。或许有一天一位老校友来到树下坐一坐，捡起一片树叶夹在一本心爱的书里，童年记忆涌上心头，他成年步入社会后的那些跌跌撞撞，那些忧伤和烦恼，就随风四散而去了吧。

文化·成长

江苏省特级教师吴非说，到任何一所学校，不看别的，就看有没有老树，老树是学校最忠实的传统，也是最美好的文化。寿光校园里有很多有故事的大树，我们莘县学校里也有，县实验小学的百年石榴树，二中院内的杨树，古云镇肖楼小学的柳树……这些大树看着一代代孩子走出校园，又回到校园，走出家乡，又回到家乡。天地有大美而不言，正是这些不言不语的大树的默默陪伴，让孩子们记住了校园，让校园成为他们心中永远的一个家。

　　校园是必须要有树的，没有树，或者树不够多的校园，还能算是校园吗？为什么树之于校园如此重要呢？

　　记得我读研时，陪老师在校园的大树下散步，老师问我，《论语》里，孔夫子道出了做教师最大的幸福，你可知是什么？我久思不得其解，老师笑道："莫春者，春服既成，冠者五六人，童子六七人，浴乎沂，风乎舞雩，咏而归。"是啊，教育最大的幸福就是师生的共同成长。

　　校园里，陪伴孩子成长的，除了老师，还有那些高高矮矮、萌芽展叶、抽枝拔节、结苞绽放、硕果累累的树，一簇簇，一丛丛，郁郁葱葱，生机勃勃，与老师和孩子们构成了一幅共同生长的生命图景。

　　教育即生长，校园最美的姿态，一定是生长的姿态。教育不就是那"好雨知时节，当春乃发生；随风潜入夜，润物细无声"的春雨和那"尽日寻春不见春，芒鞋踏遍陇头云；归来笑拈梅花嗅，春在枝头已十分"的追寻吗？

让报栏回归校园

教育是一门慢的艺术，学校要营造宽松、和谐的学习生活环境，让校园多一分安静，给师生留一分闲暇，如此，何不让报纸回归报栏，让报栏回归校园，让新鲜出炉的报纸与师生不见不散？

最近，到外省一所重点高中考察学习，当大家一致赞叹它厚重的校园文化积淀，钦佩它辉煌的教育教学质量时，我关注到一个细节，在学生食堂前甬道两侧的大树下，是两排整齐的报栏，报栏里有《人民日报》《光明日报》《中国青年报》《新华每日电讯》《科技日报》《21世纪报》等。我情不自禁地在这里驻足，想起自己的学生时代，那时候几位同学合订一份报纸轮着读，校园的报栏前常常人满为患。时至今日，报纸已不再是信息的第一来源，报栏里的报纸多被各类任务宣传页取代，这并不代表报栏就失去了存在的价值，其文化阵地的作用依然重要，我们真心地呼唤：让报纸回归报栏，让报栏回归校园。

2019年教育部发布《中国高考评价体系》，从国家人才培养战略转型角度明确规定高考的核心功能、考查内容、考查要求和考查载体。高考评价体系指导下的高考命题呈现出无价值不入题、无思维不命题、无情境不成题"的典型特征。无价值不入题，即紧扣时代主题与时代精神；

无思维不命题，即突出关键能力、思维过程和思维品质考查；无情境不成题，即结合社会热点、经济社会发展、科技进步、生产生活实际等创设情境。如果说原来我们通过读报来提高阅读写作能力，现在读报则可以让我们通过对社会热点等真实情境的把握，训练信息获取与加工等关键能力，紧跟时代步伐，提升学科素养，面对开放灵活的高考，做到从容应对，游刃有余。

　　一切知识都来源于社会生活，教材知识即是对现实问题的抽象概括。报纸是鲜活的历史，内容涉及国内国际时事、社会热点评论等，涵盖具体时期的政治、经济、军事、财经、文化、艺术等社会生活的各个方面。苏霍姆林斯基在《给教师的建议》第五条写道："我在自己的实际工作中，始终把握住两套教学大纲，第一套大纲是指学生必须熟记和保持在记忆里的材料；第二套大纲是指课外阅读和其他的资料来源。"他建议教师要尽力为学生学习第一套大纲创造一个智力背景，在第二套大纲上下功夫。到哪里去找第二套大纲？把教材中抽象的知识再具象化，以现实事例帮助学生去理解知识，从这个角度看，报纸无疑是被大众所忽视的一项重要的学习资源。

　　报纸是拓宽学生视野的"望远镜"，让学生告别"两耳不闻天下事，一心只读圣贤书"的封闭校园，走进"风声雨声读书声，声声入耳；家事国事天下事，事事关心"的多彩世界。报纸是引领学生全面发展的"百科全书"，能够激发学生的学习兴趣，完善学生的知识体系。报纸是训练学生阅读表达的"语言宝典"，学生在阅报中可以提升阅读能力、学习写作规范，在交流趣闻轶事中学会交往，进而成为有影响力的人。报纸，不管是日报、周报，还是月报，让我们懂得"不积跬步，无以至千里"；报纸，无论是标点、段落，还是篇章，让我们明白"文章千古事，得失寸心知"。

教育是一门慢的艺术，学校要营造宽松、和谐的学习生活环境，让校园多一分安静，给师生留一分闲暇，如此，何不让报纸回归报栏，让报栏回归校园，让新鲜出炉的报纸与师生不见不散？可以想象，在花香弥漫、书香氤氲的校园里，还有报纸的墨香流转，在课间休息或茶余饭后，师生们在这里驻足，或聚精会神地读报，或三五成群地讨论，这该是一道多美的风景线！

让校歌在校园唱响

教育就是用大爱去做小事。教育是爱的事业，是年轻的事业，是理想的事业，是幸福的事业，让我们共同期待，校歌在每一所学校唱响，校歌在代代学子心中飞扬！

2020 年，央视节目组采访翻译界泰斗许渊冲先生。当记者问道："您还会唱校歌吗？"先生答："会！千秋耻，终当雪，中兴业，须人杰……"这首西南联大校歌，采用《满江红》词牌名，由国学家罗庸先生作词，语言学家张清常先生谱曲。歌词讲述了西南联大的办学使命和对抗战必胜的信念。歌词激昂，韵律优美，激励着联大学子读书报国，抗战救国。联大办学八载，育八千英才，走出了以诺贝尔奖获得者、两弹一星功勋奖章获得者、国家最高科技奖获得者为代表的一大批国之栋梁。

你还会唱校歌吗？这个问题，恐怕让很多人无言以对。前些年，我们开展组歌传唱活动，要求在社会主义核心价值观组歌中选取两首，或选其中一首配一首校歌传唱。我们遗憾地了解到，一些学校根本没有校歌。有些学校有校歌，但内容简单、缺乏内涵，或照猫画虎，千篇一律，与学校整体文化设计不成体系；有的校歌，成为学校文化的装饰品，只有在举行毕业典礼、校庆集会等活动时才能见到它的身影；有的校歌被锁在校史馆，贴在墙壁上，印在校刊里，在校园里听不到，师生都不会唱。我真心地期待：每一所学校，都能用心创作一首校歌，让校歌在校园唱响。

一所好学校，需要一首好的校歌来传颂。校歌作为校园文化的重要组成部分，不是简单的一首音乐作品，而是与校徽、校训、校风等其他校园文化标识一样，肩负着文化育人的光荣使命。校歌传唱为推广宣传校园文化打开了一扇窗，展示学校的文化底蕴与发展方向，能够激发广大师生和校友爱国荣校的情感，提升学校发展的凝聚力和向心力，鼓舞学生树立崇高的理想，启迪智慧，陶冶性情，塑造人格。

一首好的校歌，值得学生用一生唱和。一首好的校歌，应当如西南联大的《满江红》，融合学校的文化底蕴和历史发展，彰显学校的办学理念和育人方向，传承学校的文化品质和精神气象，承载着师生的归属感和使命感，以及校园的荣誉感和召唤感，让广大师生明白：我们从哪里来，将要到哪里去。一首好的校歌，以词言志，以曲寄情，笔惊风雨，声动人心，无论时间过去多久，我们总能通过它与另外一个自己对话，在对话中，我们追忆过往，展望前路，不断汲取营养，找到向上的力量。

创作一首校歌，离不开办学者的用心。校歌的创作包括作词和谱曲两部分。歌词要简练、精准，节奏鲜明、朗朗上口，突出校园文化主题，表达师生爱校荣校情感，弘扬励志青春正能量。谱曲要清新欢快，富有朝气，旋律优美，难易适中，便于传唱，曲调应积极向上、格调高雅，有强烈的艺术感染力。由谁来创作校歌呢？第一选择是主持或参与学校文化设计的校长或教师，他们能够站在主人公的角度，从自身感受出发，创作出更凸显学校特色、激发师生士气、憧憬发展未来的校歌。另外，也可以考虑面向师生和校友公开征集校歌。

2022 年 3 月，我们选取 24 所偏远小规模乡村小学，组建乡村小学发展联盟。在第一次校长论坛上，樱桃园谷疃小学侯强校长介绍了他们的诗歌教学实验。后来，我们多次走进谷疃小学，几经筹备，于2023年6月举行了诗歌教学谷疃小学现场会，杨占国老师在课堂上深情朗诵了一首自己的小诗。评课环节，我提议将小诗谱曲作为校歌来传唱。当天，即邀请音乐教师贾兆楠谱曲，他根据学校文化设计，一个月时间三易其稿，最终拿出小样。我转发给侯校长，他告诉我，大家听完后都感到异常兴奋，一致认为这是一首堪称经典的校歌，开学之后，就开始学唱。

让校歌在校园唱响，让校歌为学校代言。在安丘市青云双语学校，上学放学和课间，都能听到校歌，师生们喜欢校歌，传唱校歌，校歌在校园被唱响。我第一次走进青云双语，徐军民校长引领参观校园后，在接待室座谈，他特意播放教育节主题歌《画》。这首歌描绘了三幅画，老师为孩子画画，孩子为老师画画，师生共同为学校画画，老师呵护着孩子，孩子心向着老师，师生共同在"家"的校园学习生活，浇灌出教育丰满艳丽的理想之花。后来，我曾多次把这首歌推荐给校长和老师，大家都被歌曲传递出的教育幸福感所感染。

汪曾祺先生在作品《徙》里，回忆了20世纪20年代故乡小学每天唱校歌的情景：每逢"纪念周"，每天上课前的"朝会"，放学前的"晚会"，一个担任司仪的高年级同学便会高声喊道："唱校歌！"随即全校三百来个孩子，铆足了力气，高唱起来，好像屋上的瓦片、树上的树叶都在唱。他们接连唱了六年，直到毕业离校，真是深深地印在脑子里了，至死不忘。

法国启蒙思想家伏尔泰说："我所做的一切，是何等微不足道，但我去做这一切，却是何等重要。"教育就是用大爱去做小事。教育是爱的事业，是年轻的事业，是理想的事业，是幸福的事业，让我们共同期待，校歌在每一所学校唱响，校歌在代代学子心中飞扬！

校长要善意待人

作为校长，要善意待人，因为你的举手投足，师生尽收眼底；你的言行举止，影响着师生的行为；你的人格魅力、文化底蕴和管理才能，感染着师生教与学的热情和激情。

汤勇局长曾说过："好校长首先是一个好人，其次是一个好老师。"的确，我们的校长曾经都是教学的能手，因为个人的勤奋和努力，多个岗位的适应和锻炼，最终成为"多面手"。校长，理应是教师的典范，师生心中的"主心骨"和"精神领袖"。

苏霍姆林斯基在《给教师的建议》第四条提出，要善意待人。他说："这条建议，属于教育修养的基本常识，具体地说，是教育修养的情感问题。要善意待人，就是说对待学生犹如对待自己的儿子一样。"读到这里，我想起两句话："第一，假如我是孩子；第二，假如孩子是我的。"教师需要善意待人，作为教师领路人的校长，更应该做到善意待人，这两句话犹如一面镜子，只有真正做到，才能把教育做好。

善待学生

教师是一个特殊的职业，一位教师可能一生任何规章制度都不触犯，却不能保证就是一个优秀的教师。校长也是如此，所以在要求教师善待学生的同时，校长自然更应该善待学生。

苏霍姆林斯基一生曾对 3700 多位学生进行了细致观察，记录下了不计其数的成长故事，他与孩子们朝夕相伴，把整个心灵献给了孩子。他是热爱每一位孩子的校长，他是精心为孩子上课的教师，他是组织孩子远足郊游的领队，他是关心孩子心灵成长的伙伴……他曾拒绝担任教育局局长的邀请，只是因为身在学校能和孩子们更亲近一些。

寿光市圣城小学的韩高波校长就是一位善待孩子的典范，他有一双善于发现的眼睛，总能看到孩子的需要。身为校长，他始终秉承"让学生站在学校中央"的办学理念，善于站在孩子的角度思考问题，帮助孩子解决问题；善于倾听孩子的心声，走进孩子的心灵；善于发现孩子的优点，给他们搭建特长发展的平台。他给我讲了很多关于孩子的成长故事，很多都收录在他的专著里。他曾写道：身为校长，一定要全身心地投入工作，尽自己的微薄之力，给孩子提供最好的教育，把学校办成家门口的好学校，我们不要金杯银杯，只要周围社区居民的好口碑。

善待教师

教师是学校发展的根本，校长要把教师发展当作学校的头号工程来做，用心去关注每一位教师，激发教师发展的内生动力。北京第一实验学校校长李希贵在《学生第二》中写道：当学校把教师放在第一位的时候，教师也会把学生放在第一位；对一位教师来说，他从事的职业是塑造人的，如果他的动力不是来自热爱，而是压力，这样的塑造是可怕的；

学校致力于培养教师的幸福感，是教育的理性和管理的智慧；无论从什么角度讲，校长都应该善待教师。

学习强国平台"最美师生"栏目曾发布一则短视频《师生们心中的男神校长》，介绍寿光现代中学校长孙安源的事迹。我在寿光挂职的半年里，参加过市县多次对现代中学的教学视导活动，每次会议，孙校长总坐在后排一角，把最好的位置让给老师们。校园里，常遇见他与老师或学生交谈；在食堂，他坐在老师中间吃饭聊天；每次遇见，他总是热情打招呼，询问有什么困难。

与现代中学的老师交流，大家都对他赞不绝口：到办公室汇报工作，他起立让座；开会讲话，他思路清晰、简洁明了，用时最短；所有教职工的生日他都记在本上，到了生日那天，他委托工会送上贺卡和蛋糕；每年组织户外拓展，给老师们解压；他关注教工餐厅，经常叮嘱饭菜要实惠营养；专门开办教职工超市，让老师们足不出校平价买到生活用品；建设教职工子弟幼儿园，为青年教师解除后顾之忧。在现代中学流行一句话，"有困难，找安源"，这是全体师生对他的信任和褒奖。直到现在，我还常想起那段学习时光和温馨、和谐、奋进的现代家园气息。

善待后勤人员

学校是育人的场所，不是管理人的地方。"让每一面墙壁会说话，让每一个角落能育人"讲的是发挥校园文化的育人功能，"全员育人"则强调的是发挥人育人的功能，这里的"人"不仅包括教师，还包括门卫、宿管等后勤人员，只有每个人都在自己的岗位上恰当、自觉、有效地做好服务学生的工作，才能凝聚成一股持久的育人合力。

《中国教育报》曾以《暖心护航，彰显大爱与担当》为题，对寿光圣都中学暖心办学举措进行报道。文中写道：无论是一线教师，还是后勤保障人员，学校都尊重他们的付出，采取暖心措施，充分肯定他们的努力。这的确是圣都中学的真实写照，挂职期间，我多次到圣都中学学习交流，我与李校长在校园漫步，每每遇见门卫、宿管、保洁、餐厅人员，他都微笑上前打招呼。每逢重大节日，他首先想到的是后勤人员，亲自带上礼品送到他们手中，平时也会送些水果、牛奶，整个学校弥漫着"进了圣都门，便是一家人"的亲情氛围。

李校长还讲过一个故事：一位五十多岁的女宿管员，发现有个女孩放学后常躲在宿舍角落哭，便经常去关心她，得知女孩是单亲家庭，母亲又得了重病，学习压力大，心理负担重，宿管员让女孩住在宿管室，像妈妈一样陪伴，孩子渐渐走出了阴影，变得阳光起来。这个故事再次告诉我们，当一个人得到尊重，就会主动尊重别人。校长把后勤人员放在心上，他们也就会把孩子放在心上。

善待家长

苏霍姆林斯基说："教育的效果取决于学校、家庭的一致性，如果没有这种一致性，学校的教学、教育就会像纸做的房子一样倒塌下来。"现实中，很多家长认为自己不需要学习，固执己见、自行其是，甚至好为人师、任性草率，这些都严重影响着孩子成长。作为校长，要善于抓住"家庭"这个育人的根，热情拥抱家长，以真情换来家长参与共育的积极回应，构建和谐家校关系，形成立德树人合力。

2021 年 12 月 25 日的《中国教育报》整版报道了潍坊奎文圣卓实验学校"双课程"家校协同育人创新实践。董春玲校长提出了"双课程"，即家长学校课程和文明家庭建设课程。家长学校课程重引导"知"，文明家庭建设课程重指导"行"。"双课程"的"一纲"即立德树人；"五目"即国家需要、学校担当、教育之道、人的成长、智慧之爱；"十项行动"即书香圣卓、优雅圣卓、墨香圣卓、活力圣卓、奉献圣卓、路遇圣卓、无边圣卓、食育圣卓、赏识圣卓、红心圣卓，是推倒学校"围墙"、为人的发展重建教育生态、教学做合一的行动。

奎文圣卓"双课程"，让家长主动学习，写育人故事。学校走进家庭，指导召开家庭会议，让亲子共读、共锻炼、共做家务成为常态，家庭关系日趋和谐。沐浴在和谐家庭氛围中的圣卓学子，更加阳光自信，身心健康，核心素养高，自主管理能力强。培养好一个孩子，服务好一个家庭，带动好一个家族，圣卓这种构建良好教育生态的责任担当，董春玲校长博大的教育情怀和深邃的教育智慧，让人叹服。

善待周边百姓

党的十九大报告提出了建设教育强国的宏伟目标。建设教育强国，归根结底要办好人民满意的教育。我们要坚持以人民为中心发展教育，切实解决好教育公平、质量和服务民生问题。作为校长，要敬畏规律、尊重常识，用爱心和恒心，以研究者的视角脚踏实地地做教育，让教育惠及一方百姓，赢得一方百姓的口碑，努力把学校办成"学生喜欢、教师幸福、家长认可、社会满意"的家门口的好学校。

寿光营里镇西黑前小学，在校生 120 名，教师 18 名，是一所名副其实的偏远农村小规模学校。每年重阳节，学校利用师生在"农学院"劳动基地自己种的蔬菜，开展"九九重阳日，亲情传递时"孝亲敬老活动，家委会成员也主动到校与师生一起包饺子，学校邀请村里孤寡老人、烈士军属到校，孩子们把一盘盘饺子端到每位老人面前，把一个个饺子送到老人嘴边，活动中，孩子们体验劳动、感悟亲情，懂得了"懂感恩、知孝老"的道理。

寿光文家中学校长刘明举是我挂职期间结识的一位有格局、敢担当的好校长。2018 年和 2019 年，上口镇连续两年遭遇洪灾，镇党委、政府安排学校作为一处大型安置点，时任上口镇广陵学校校长的刘明举亲自指挥，党员干部带头，全体教师团结协作，安排群众临时住宿 5000 多人次。群众的住宿解决了，吃饭怎么办？刘校长果断做出决策，组织教师成立"巾帼炊工小分队"，为受灾群众提供饭菜 10000 多份，在完成镇党委、政府交给的光荣任务基础上，用爱和信念诠释了教育人心系群众的责任担当。

我在潍坊峡山双语小学看到过一句话："学校拼命对老师好，老师拼命对学生好。"这里的学校是谁？不就是校长吗？苏霍姆林斯基在《和青年教师的谈话》中写道："你作为校长，不仅是教师的教师，不仅是学校的主要教育者，而且形象地说，也是一个特殊乐队的指挥，这个乐队是用一些极精细的乐器——人的心灵来演奏的。"作为校长，要对教师等各个群体付出更多的人文关怀，从而激发他们的工作热情，给学校赋予源源不断的发展动力。

李希贵校长说："教育学首先是关系学。老师和学生关系好了，学生不可能学不好。教育不是知识和人之间的事，更不是考卷和人之间的事，教育是人和人之间的事。"作为教师，要善待孩子。作为学校"灵魂人物"的校长，更要善意待人，因为你的举手投足，师生尽收眼底；你的言行举止，影响着师生的行为；你的人格魅力、文化底蕴和管理才能，感染着师生教与学的热情和激情。做一个好校长，我们不妨从善意待人开始。

办名副其实的实验学校

实验学校的"实验"首先要有前瞻性，做到先行先试；其次要有持续性，做到一以贯之；最后要有示范性，做到引领带动。

到县第二实验小学担任党支部书记后，在与学校中层干部的见面会上，我谈到作为实验学校要主动担当，开展教学实验，传承学校文化，发挥引领作用，办名副其实的实验学校。经过研讨交流，我们提出"对标市内县域高水平实验小学，在学校十年发展的基础上，利用三到五年，打造真正意义上的实验学校"的发展目标。2024 年 1 月 19 日，我和瑞忠校长等一行 11 人到高唐县春长小学、冠县武训实验小学交流学习，并与两校结对共建友好学校。

当晚，读到柳袁照校长《中小学的"实验"学校要名副其实》一文，长者之言，于我心有戚戚焉。什么样的学校才是真正意义上的实验学校？柳校长说："实验学校，要多些实验，少些墨守成规。实验学校中有多少在'实验'上做深做透的？'实验课堂''实验教材''实验课程'等做了哪些？有却不多。"现实的确如此，许多学校争相冠以"实验"之名，却未行"实验"之实，一些实验学校不在"实验"上下功夫，只将"实验"作为招生宣传的卖点。甚至一些地方，"实验"泛化和随意化，城区学校从一实小到五实小，随意一所小学就可以称"实验小学"。

真正意义上的实验学校，应当主动承担教育教学实验的使命，勇立教育教学改革的前沿，在某一教育教学领域大胆实践，总结提炼一些具有借鉴意义和推广价值的典型经验，真正发挥教育改革示范带动作用。实验学校的实验首先要有前瞻性，做到先行先试；其次要有持续性，做到一以贯之；最后要有示范性，做到引领带动。

实验学校的"实验"要先行先试。教育是关乎未来的事业，实验学校的实验项目，既要有现实性，更要有前瞻性，既要关注当下，更要关注未来。李希贵校长说："怎么才能解决问题？不是讨论理念，而是深入到具体场景和行动中。"2024年的跨年演讲，罗振宇再次分享李希贵校长的改革故事：北京第一实验学校把课间改成5分钟，小细节撬动大系统，引发了系列连锁反应。潍坊市教育局原局长张国华曾说："与其坐等红头文件，不如认准了先干起来，说不定就干成红头文件了！"二十余年间，潍坊教育改革敢为人先，充满创意，铸就了"潍坊教育奇迹"。

我们要从北京第一实验学校和潍坊市教育改革中汲取先行先试、敢闯敢干的胆识和气魄。实验学校的校长绝不能当"躺平"校长，守着一亩三分地，当一天和尚撞一天钟，因循守旧，自我封闭，自我满足。身为实验学校就要勇立教育教学改革的潮头，在落实新的课程方案和课程标准，推进教学方式变革，探索深化课程教学有效实践模式上，敢于创新求变，敢于做第一个吃螃蟹的人，把学校办成名副其实的实验学校。校长应当做创新型校长，直面教育教学中存在的问题，把问题当课题，善于学习，勤于思考，敢想敢干，变难点为亮点。

实验学校的实验要一以贯之。教育不是百米冲刺，而是一场马拉松，贵在坚持不懈和一以贯之。2022年的国家基础教育教学成果奖特等奖，有两项来自小学。上海黄浦区卢湾一中心小学的《数智技术与情感教育双驱动的小学育人模式实践探索》，是二十年情感教育研究融合数据智能与教师智慧，建构起的双驱动的小学育人新模式；南京浦口区行知小学的《大情怀育人：扎根乡村40年的行知教育实验》，是四十年几代教师扎根乡村，以培育乡村新人、创办一流乡村学校为目标，以大情怀育人为主线，践行陶行知教育思想的乡村教育实践的经验总结。

两所学校都是在长期的探索和实践中，经历失败和成功，总结出教训和经验，实现了蜕变和提升。我们要学习两所学校驰而不息、久久为功的坚持和韧劲。习近平总书记说："一张好的蓝图，只要是科学的、切合实际的、符合人民愿望的，大家就要一茬一茬接着干。"实验学校的校长绝不能一门心思求"新"追"奇"，标新立异，另起炉灶，搞"亮点工程""政绩工程"，而要有"功成必定有我"的历史担当，有"功成不必在我"的精神境界，要研究好、传承好学校的历史文化，在继承中求创新，在守成中求发展，甘于做学校发展历史链条中的普通一环。

实验学校的"实验"要引领带动。教育是启迪和引导，需要教育者榜样式的示范引领。实验学校要组建教育集团或发展联盟，发挥"头雁"作用，带动一批薄弱学校提高办学水平和教育质量。2015年，刘剑锋调任潍坊坊子区实验小学校长，他从一粒种子出发，研发出涵盖超学科课程、适性课程、学科课程的"种子课程"。2018年，"种子课程"荣获山东省基础教育教学成果奖。坊子实小主动分享自己的课程资源库，从治校育人、线上教育等角度帮扶乡村学校增强自我造血能力，以"种子"撬动"种子"，推进团队学校质量提升。2022年，"雁阵计划"项目再度夺得山东省基础教育教学成果奖。

主动示范彰显的是一种开放自信、博大包容的胸怀和境界。习近平总书记曾说："我将无我，不负人民。""建立自我，追求无我"是一种人生哲学和价值观，它鼓励我们，在追求自我成长的同时，也要关注他人和社会的利益，把"自我"融入"大我"，以此来超越"自我"，实现"真我"。当实验学校的实验取得阶段性成果，切忌自我封闭，自我满足，要以自信的姿态，勇于公开展示，接受大家的建议，倒逼自己不断丰富和完善自我，不断总结和提炼经验；还要以开放的姿态，建立教育发展联盟，把阶段性成果迁移运用到联盟学校，根据不同校情适当调整完善，以服务更多学校，促进联盟共同发展和提升。

2022 年 6 月，我们引进"对分课堂"，确定徐庄镇学区作为试点先行，周胜宏校长强力推进，经过一年多的实践探索，徐庄镇中小学教学质量明显提升。2023 年 10 月，徐庄镇学区在省乡村教育经验交流会上发言，获得省厅领导高度评价；2023 年 11 月，徐庄镇学区被确定为全国"对分课堂"品牌学校；2024 年 1 月，徐庄镇教师在中国教师报"创课进校园"活动中出课，登上全国教学现场会的讲台。2024 年 1 月，孔祥魁校长接任学区校长，明确新一届领导班子继续深化推进"对分课堂"教学改革。截至目前，县内外三十多所中小学先后到徐庄学习交流，徐庄真正发挥了全国"对分课堂"品牌学校的榜样示范作用。

如何办名副其实的实验学校？徐庄镇学区的"对分课堂"教学改革给我们提供了一个范本。希望更多的实验学校不再让"实验"只挂在校门上，写在文件上，停留在口号上，而是让"实验"贯穿到学校文化建设、课程规划、课堂教学、教师培养等教育实践中去，用行动诠释实验学校的责任，以力行彰显实验学校的担当。

教育要按规律办事

教育是一门科学，三分唤醒，七分等待。教育应该是点燃一把火，激发孩子的学习欲望，培养孩子的独立思考能力；指导孩子放眼未来，又脚踏实地，走好人生的每一步；引领孩子增强体质，充盈心灵，锤炼品格，拓展生命的长度、宽度和高度，使之成为更好的自己。

2022 年的高考，莘县各高中学校与往年相比，均取得了较大的进步。开学前，我们举办了一次新老高三教学传承会，会上老师们发言交流，当时听后，我内心涌动着一股热流，大家对教育事业的炽热感情，对学生发展的倾情付出，让人感动，催人奋进。鲁迅先生在《中国人失掉自信力了吗》一文中曾写道："我们从古以来，就有埋头苦干的人，有拼命硬干的人，有为民请命的人，有舍身求法的人……这就是中国的脊梁。"我想，正是各位高中校长、主任和广大教师埋头苦干，拼命硬干，我们的教育才取得了骄人的成绩。

那年暑假，临朐县教科院张云生院长来莘县考察交流，我抓住机会邀请他为我们的高中老师做了一个半小时的报告，张院长没用讲稿，他结合自身工作经历，以故事的形式讲述他的教育思想，将高考改革方向、高中教学管理、教师专业成长、课堂教学改革等，娓娓道来，大家听了受益很大。张院长的报告通篇一个主线，就是教育要按规律办事。教育的规律是什么呢？我们怎样在教学中发现规律，践行规律，在收获师生教学相长的同时实现教育质量的提升呢？听了大家的交流发言，我欣喜地感受到，我们的教育教学越来越科学，越来越理性，真正走在了按规律办事的路上。

教育，不是灌输，而是唤醒

作家刘震云说，他当木匠的舅舅刘麻子对他影响很大。刘震云曾经和这位舅舅有过炉边恳谈：您木匠干这么好，诀窍何在？刘麻子说：如果说有诀窍的话，我与别的木匠的区别是，我打心眼里喜欢做木匠，我特别喜欢做木匠活刨出的刨子花的味道，但是，你只是喜欢做木匠活，你也当不好，我当木匠会有恍惚的时候，比如看到一棵树，会想这么好的木材，哪家的闺女出嫁的时候打个箱子柜该多好。他已经达到了一种境界，有了这种身心合一的自我驱动，枯燥劳顿的木匠活便充满了乐趣。别人打一个木箱要三天，刘麻子要用五天，精心打磨，不厌其烦，将木器活做成了享受。因为热爱，事业的花园开满了一树树的芬芳。教育也是一样，它的本质不是灌输，而在于唤醒，唤醒人们对美好事物的欲求。

莘县莘州中学作为一所普通高中，高考本科上线人数翻番，实现了低进高出，高进优出。落榜生也不放弃，选择复读的学生增加，提分效果明显，形成了一种"莘州现象"。比高考成绩更重要的是，莘州中学领导的关注陪伴，全体教师的辛勤付出，唤醒了同学们拼搏向上的内生动力。学生们丢掉自卑，重拾信心，心无旁骛，全力一搏。成绩好的身先士卒，攻坚克难；基础差的不甘落后，义无反顾。大家爬坡过坎，愈挫愈勇，斗志昂扬，他们坚信：考不上重本考普本，考不上普本考专科，努力就会有机会。我想，学生一旦有了这样的状态，还有什么难关攻克不下？作为教育者，要清醒地认识到，教育，不是注满一桶水，而是点燃一把火，唤醒、点燃孩子的学习内驱力，比教授孩子知识重要得多。

《论语》中有言："弟子入则孝，出则弟，谨而信，泛爱众，而亲仁。行有余力，则以学文。"讲的是先要"内圣"，再追求"外王"，先修炼品德，端正思想，再去学习文化。我曾到一所薄弱初中调研，学校面临生源基础差、学习习惯差、课堂效率低、管理难度大等问题，与老师们座谈，我们达成共识：与其按部就班地上课，不如先通过活动规范学生的学习习惯，端正学生的学习态度，唤醒学生的学习动力。初一入校开始，学校从诵读传统文化经典、落实师生谈心谈话、加强家校协同育人等几个方面拿出实招，最终见到了实效。理想的教育不是说教和灌输，而是运用智慧和师生交流，唤醒学生的内生动力，这种唤醒，不仅适用于一次考试，而且有益于学生终身发展。

教育，快即是慢，慢即是快

一个西方考察队到非洲原始森林探险，请当地人做向导，急行三天后，向导要求原地休息，说什么也不肯再走一步。问其原因，向导答：我们走得太快了，灵魂跟不上来，需要停下来，等一等灵魂。作家麦家写《解密》用了十一年，前后修改十七次；2019 年，蛰伏八年后再出新作《人生海海》。麦家说他不属于那种才思敏捷的，属于冥思苦想型，缓慢是他成功的捷径，当世界变得日日新、天天快的时候，他坚持做一个旧的人，慢的人，为理想而执着的人。当前高中存在教学赶超进度现象，表面上复习轮次多了，练习模拟多了，但导致学生吃夹生饭，基础不牢，效果并不好。作为教育者，不要让"十年树木，百年树人""静待花开"这些美好的话语停留在理念和口号上，而应切实运用到实践中。

莘县一中借助数据分析方法及时评价、反馈、反思教学工作，确保一切决策来源于数据。评价教师，制定学案、限时练和课堂执行标准，每天评比，每周汇总，印发简报。评价学生，强化问卷调查和成绩分析，考虑不同组合、男女比例、学科特点、赋值样本等方面，深挖数据背后反映的问题。设计表格落实工作，利用《课堂疑问、计划、落实反馈表》，让同学们在课堂上随手记下疑惑，每日总结评价自己的学习，让学习过程可见；利用《高三成长轨迹》，让同学们以折线图记录考试变化，让成长过程可见；利用《学科历次强化训练知识覆盖表》，考后学科组勾画考试覆盖知识点，让考查知识可见。把纷繁复杂的工作量化，探索科学的评价体系，从数据中提炼信息，指导决策，本身就是一项慢功夫，但唯有下得这样的慢功夫，才能获得事半功倍的效果。

《人民教育》2022年第十期一篇文章《如何帮助学生科学提升学习效果》提到，有三件事对于学习非常重要，一是运动，二是睡觉，三是整合运用。运动可以增加大脑供血供氧，巩固神经连接，提升学习效率；睡眠是学习的重要环节，人在深睡状态下，大脑的海马体会帮助大脑清理蛋白质垃圾，把白天学习的内容由短时记忆存入长时记忆；整合运用指把新知识和旧知识结合起来解决问题，是巩固神经连接的最佳路径。单纯延长学习时间，挤占孩子的睡眠、运动、社交活动，不仅变相降低学习效率，还导致孩子体质下降，有损心理健康。哲学家卢梭说："误用光阴比虚掷光阴损失更大，教育错了的儿童比未受教育的儿童离智慧更远。"教育，一味求快，拼命做加法，最终只能是不堪重负，追悔莫及。教育应该慢下来，静下来，从一件件小事做起，日积月累，厚积薄发，如此，未来不必去争，世界一定在你手中。

教育，赋予生命以意义

作家毕淑敏有一次应邀到一所大学演讲，学生提出的问题异常犀利："人生有什么意义？请你务必说真话，因为我们已经听过太多言不由衷的假话了。"毕淑敏给出的答案是：人生没有任何意义。等同学们掌声过后，毕淑敏继续说道："人生是没有意义的，但是，我们每个人要为自己确立一个意义。"什么才是赋予生命以意义最有效的支撑？我想那一定是教育，怎样让教育赋予生命以意义呢？苏霍姆林斯基在《给教师的建议》中说："真正的教育是自我教育，教师对学生所说的每一句话，都能激起他们内在的精神力量，促进他们的头脑和心灵产生内在活动，从而促使他们进行自我认识和自我完善。"作为教育者，要善于把教育的意图隐藏起来，在和谐融洽的师生关系下去影响和引领孩子成长，达到润物细无声的效果。

高三复习紧张，一定要讲求张弛有度，劳逸结合。莘县实验高中荆长城主任的发言提到了活动引领：百日誓师、倒计时主题学生会，点燃学生激情；每天的早操时间，播放励志歌曲，激发学生学习热情；集体观影，厚植家国情怀，增强学习动力；主题班会、师生谈心、书信交流、家校沟通，及时化解心理问题；运动会、合唱比赛、师生包粽子，为学生高考减压……莘县一中周宗全校长把高三每周活动结集成 16 万字的册子：上学期第一周"走进高三"，第二周"我的大学，我的梦"，第十三周"200 天，谁该更努力"；下学期第二周"90 天，创造自己的奇迹"，第十周"奋斗 30 天，让生命更辉煌"，最后是毕业生离校倡议。一项项被赋予不同意义的教育活动，是一生难得的美好青春的奋斗记忆，留在校园，也留在学生的心里，成为他们日后不断成长的力量。

哲学家康德说："人只有通过教育才能成为人。"这句话中第一个

"人"是物质意义上的人，其通过教育成为一个精神意义上的人。爱因斯坦说："用专业知识教育人是不够的，通过专业教育，他可以成为一个有用的机器，但是没办法成为一个和谐发展的人。要使学生对价值有所理解，并且产生强烈的感情，那是最基本的，他必须获得对于美和道德上的善的辨别力，否则他更像一条受过很好教育的狗，而不是一个和谐发展的人。"关于教育的目的，我们强调专业成才，但更重要的是精神的成人，这也应当成为我们教育实践的基本遵循。作为教育者，要善于发现每一个生命的独特性，为孩子提供适合的教育，帮助每一个生命正向前行，在有限的生命历程中实现自主成长。

教育是一门科学，有其独有的内在规律，三分唤醒，七分等待。科学的教育应该是点燃一把火，激发孩子的学习欲望，培养孩子的独立思考能力；指导孩子放眼未来，又脚踏实地，走好人生的每一步；引领孩子增强体质，充盈心灵，锤炼品格，拓展生命的长度、宽度和高度，使之成为更好的自己。作为教育者的我们，应当永葆教育初心，敬畏教育规律，努力成为促进学生生命成长的贵人，努力让学校成为促进学生全面发展的沃土，为学生的一生幸福奠基。

每一位教师都应当成为阅读推广人

作为教师，要成为一位"悦读者"，在读书中收获成长，在成长中收获幸福；更要立志成为一位阅读推广人，用阅读为学生点亮心灯，照亮他们的人生之路。

在网上搜索"阅读推广人"，会跳出很多条信息，被各类组织推选为"阅读推广人"者，有作家、学者、娱乐明星，甚至网红。其中一条消息吸引了我：2021 年 3 月，在中国出版高层论坛上，"樊登读书"创始人樊登、"凯叔讲故事"创始人王凯等被评选为"2021 年全民阅读推广大使"。不得不说，近年来，像"樊登读书""喜马拉雅听书"等文化消费类 APP 的大火，让商家赚得盆满钵满的同时，一定程度上助推了全民阅读的开展。

我还看到一则消息：某地正在积极开展"全民阅读进校园"活动，当全民阅读如火如荼之时，本应引领全民阅读的校园阅读却不瘟不火。"书香校园"停留于口号，被钉在墙上；图书室、阅览室落满灰尘，沦为摆设；阅读，周期长，见效慢，被"提分快"的练习、作业大量挤占……缺少阅读滋养的校园是干瘪的，没有灵魂的，不可能有真正的教育。作为孩子成长的重要场所，学校需要营造良好的阅读氛围，鼓励学校的每一个人做"爱读书的人"，形成崇尚阅读的能量场。

阅读应当是学校教育的核心。余文森教授在《核心素养导向的课堂教学》中指出："不会阅读的学生是潜在的差生，阅读能力是最基础、最关键的学习能力，直接决定着学生学习效果的好坏和学习效率的高低。"朱永新教授说："学校教育最关键一点就是让学生养成阅读的习惯、兴趣和能力。"阅读是获取信息、学习知识的基础，从学习阅读到阅读学习，实现了被动接受到主动学习的转变，促使学生走向终身的自主教育，最终成为终身阅读和学习者。

每一所校园都应当是书香校园。"学校明明是读书的地方，为什么还要营造书香校园？难道还有书香校园之外其他什么校园吗？如果没书香，校园还叫校园吗？"李镇西老师一语道出当下扭曲的教育现状。洋溢着书香的校园，应当时时处处可以读书，让图书馆走进教室，让好书触手可及；阅读的对象不仅是教材、辅导书和习题集，更应是丰富多彩的人文、艺术、科技等方面所谓"无用"的读物；这里的老师饱读诗书，受人尊敬，这里的学生手不释卷，孜孜以求；当阅读成为一种习惯，成为一种风尚，成为师生的生活方式，学校教育就回归了本真，校园就回归了应有的样貌。

每一位校长都应当成为领读者。2022 年 6 月，潍坊"校长领读"活动在泰山教育创新研究院举办，七位特级校长现场领读好书，时任潍坊市市长的刘运现场助阵，一个小时的时间，三十余万人线上跟读、互动，效果是显而易见的。校长应当成为阅读的倡导者、引领者和示范者，让教育回归安静；校长要身先士卒，营建读书氛围，让校园弥漫书香，让师生拥抱阅读。常州市湖塘桥中心小学奚亚英校长说："一个有书桌的校长定能带动一群有书桌的老师，一个爱书桌的校长定能把学校变成图书馆的样子。"一个校长最大的成功，莫过于让校园书香四溢，让师生都成为热爱读书的人。

每一位教师都应当成为阅读推广人。这里的教师，不仅仅是指语文教师，而应是每一个学科的每一位教师。阅读是最关键的学习能力，真正的学习，应当从学习阅读提升阅读素养，走向依靠阅读素养阅读各类文本，学好各门知识，最终提升综合素养。所以我们倡导全学科阅读，首先要倡导全学科教师都成为读书人。教师阅读不仅是个人成长的需要，更是感染和影响学生的需要。身教胜于言传，教师是学生最好的榜样，要求学生读的书，教师要精读过，有自己的见解。教师不仅要读专业书籍，成为学科专家，更要广泛涉猎，加强修养，做学生成长成才的人生导师和知心朋友。

苏霍姆林斯基说："只有当教师的知识视野比学校教学大纲宽广得无法比拟的时候，教师才能成为教育过程真正的能手、艺术家和诗人。"每一节优秀的课堂，都来自教师的学习积累，给学生一滴水，教师就要有一桶水，好的教师用一生备一节课。教师如何成为一位阅读推广人？首先，要从教育规律的高度审视阅读，阅读是慢工，要摒弃功利，静待花开；其次，要站在孩子的立场理解文本，带着一颗童心走进孩子的心灵，在孩子和书籍之间搭建一座心桥；再次，要有讲述和表演的能力，用适当的策略和方法，呵护和激发孩子的阅读兴趣；最后，要有组织和协调活动的能力，让孩子在阅读分享中学会交往，收获自信，让阅读活动成为校园生活的常态。

阅读，能启智养气，使人聪颖智慧，精神明亮，心灵充盈。作为教师，要成为一位"悦读者"，在读书中收获成长，在成长中收获幸福；更要立志成为一位阅读推广人，用阅读为学生点亮心灯，照亮他们的人生之路。

教师的"跨界"才艺

如果把教师的"跨界"才艺看作形于外的"术",那么,教师的人格魅力就应当是涵于内的"道"。教师要把"跨界"才艺作为教育教学的辅助手段,目标指向培育身心健康、全面发展的完整的人。

"如果你要写风,就不能只写风。你要写柳条轻轻柔柔飘入你心中,竹筏轻轻飘荡,湖面在泛粼光,船上悬挂的铃儿响呀响呀响叮当。炊烟向着你的方向飘散,就像是我思念你的浪漫情感,抓不住的气球会飞向哪儿,抓不住的你我无法阻拦。写散了的大雾,写倾斜的雨竹,写迎着大雨慢慢走出艰难每一步……"网络上一段音乐老师作词、全班开心合唱的视频刷屏了,评论区一条高赞评论这样写道:"被音乐耽误的语文老师。"这种有着"跨界"才艺的"别人家的老师",谁会不喜欢呢?

看到这段视频,我想起在学校工作时,一次与一位青年语文教师谈心谈话,她提到,学校每年举办的青年教师才艺大赛让她倍感压力,也让她颇为不解:"为什么青年教师必须要有才艺呢?作为一名语文教师,本职工作是教好语文课,为什么还要会唱歌、会跳舞、会乐器呢?"我一时没有回答上来。学校为缓解教师压力、丰富教师生活而开展的活动,反倒成为教师的负担,作为教师,要不要有"跨界"才艺呢?这个问题曾一度困扰我。有一次我读到一篇文章，转给那位老师，我们都从中找到了答案。

教师的"跨界"才艺，助推学生学习。《中国教育报》公众号曾刊载了一篇文章《这些"宝藏老师"火了！他们的课堂真有趣，网友：好想去蹭课》，文中教师的"跨界"才艺让人叹服：贵州大方理化小学语文老师将民族舞编成课间操，带领全校学生一起跳，感染无数网友；河南淮阳中学物理老师把物理课上成"武术课"，指导女生利用物理原理"单掌劈砖"，震惊四座；成都彭州中学地理老师改编歌曲《地理Disco》，将知识"唱"出来，学生兴趣盎然；江苏扬州高等职业技术学校数学教师用"函数曲线"绘出灵动美图，让学生舍不得擦黑板。

浙江省小学数学教研员斯苗儿说自己不是专家，而是杂家。因为她常以杂家的眼光寻找资源，以杂家的思路整合资源，以杂家的心态跨界融合，她开发的《好玩的数学》微课，让学生爱上数学，爱上学习。教师要有"跨界"才艺，符合新课标中跨学科主题学习的理念，这是一种整合和创生，是一种动态的结构化和系统化的过程，必然引导学生拓宽学习的视野，激发学习的兴趣，实现深度的学习。校长要善于保护和引导教师的"跨界"才艺，并将其智慧地转化为服务学生全面发展的教学内容和课程资源，让学生学得有兴趣，学得有深度，学得有广度。

教师的"跨界"才艺，深得学生喜爱。中国教师报编辑部副主任褚清源在《把课改作为方法》中曾写到一位老师："她常常越界，做一些超越其学科范围的事情。比如，课余时间从家里拿来录音机教我们唱流行歌曲，教我们画简笔画。夏天，她带我们到学校附近小河边的树林里上课，课间最有意思的玩耍就是下河捉鱼。"他坦言，"这是一种美好的存在，那个年代，还没有今天课改的新理念，但是，我真切感受到了来自老师的热爱、欣赏、真诚……作为教师，你的每一次努力都有可能留在学生的记忆深处。正像只有热爱生活的人才能创造一样，只有热爱教育的教师才愿意投身创造，才更容易在教学中催生故事。"

教师具有"跨界"的意识，拥有"跨界"的才艺，开展"跨界"的教学，源于对教育的热爱和创造，必然给学生耳目一新的感受，为教师的形象加分。现实中，学生很难因为喜欢某一个学科而喜欢一位教师，往往是因为喜欢一位教师而喜欢他教的学科，当学生积极主动投身学科学习，就必然能取得优异的成绩。最好的教育，是高贵的模仿。作为学生，喜爱老师就意味着追随老师，将来要成为与老师一样的人。作为教师，对学生的影响不仅在于学科教学上，教师作为一个具体的完整的人，其自身的学识涵养、兴趣爱好、灵性悟性，都将在不经意间影响学生。

教师的"跨界"才艺，让教师成为更好的自己。柳袁照校长在《要让教师们学会"玩"》中写到一次退休教师文体活动，三百多人济济一堂，玩的是极原始的儿童游戏，他还注意到，当年在课堂上叱咤风云的骨干教师，大都坐在一隅，静静地欣赏，似乎有些落寞。这给他强烈的震撼，他说："在鼓励教师专业发展、鼓励教师奉献的时候，我们忘了保护、发展他们的兴趣爱好——那些似乎与本学科不那么紧密联系的兴趣爱好。当他们退休了，空闲了，单位与家庭不需要他们大量付出的时候，寂寞、孤单，或许就笼罩上了他们。"

我们常说，健康工作三十年，幸福生活一辈子。教师学会一门"跨界"才艺，不仅促进课堂教学，融洽师生关系，也对自己的身心健康大有裨益。受当下教育功利化和短视化的影响，教师工作压力较大，职业倦怠普遍存在，保护和发展教师业余爱好显得尤为重要。身心健康的教师才能教出身心健康的学生，当教师备课、上课、批改作业到疲惫不堪时，与学生踢一场球，唱几首歌，能让身心得到放松。有生活情趣的老师才会教出幸福生活的学生，学校要在重视教师专业成长的同时，为老师搭建展示业余爱好的舞台，引导老师快乐工作，幸福生活，成为更好的自己。

教师的"跨界"才艺，要以人格作背景。丰子恺先生回忆李叔同先生时，深情地写道："李先生的人格和学问，统制了我们的感情，折服了我们的心。他从来不骂人，从来不责备人，态度谦恭，同出家后完全一样；然而个个学生真心地怕他，真心地学习他，真心地崇拜他。我便是其中之一人。因为就人格讲，他当教师不为名利，为当教师而当教师，用全副精力去当教师。就学问讲，他博学多能，其国文比国文先生更高，其英文比英文先生更高，其历史比历史先生更高，其常识比博物先生更富，又是书法金石的专家，中国话剧的鼻祖。他不是只能教图画音乐，他是拿许多别的学问为背景而教他的图画音乐。夏丏尊先生曾经说：'李先生的教师，是有后光的。'像佛菩萨那样有后光，怎不叫人崇拜呢？"

如果把教师的"跨界"才艺看作形于外的"术"，那么，教师的人格魅力就应当是涵于内的"道"。电视剧《天道》中有一句台词："有道无术，术尚可求也；有术无道止于术。"教师要把"跨界"才艺作为教育教学的辅助手段，目标指向培育身心健康、全面发展的完整的人。课堂从来不是教师的秀场，教师不能把"跨界"才艺当作炫耀和卖弄的资本在课堂上兜售。课堂教学应该是教师引领学生一道经历和体验学习的过程，让学生在学习中收获有质感的愉悦，从而将来自外部的动机不断转化成为发自内心的动机。在这个过程中，"跨界"才艺作为课堂的"佐料"，应当是兴之所至、自然流露的即兴表演。这样的教师，有智慧、有情趣、有修养，这样的教育，兴趣盎然、潜移默化、润物无声。

叶澜教授说过，教师在学生面前呈现的是其全部人格，而不只是

"专业"，他的一言一行都在呈现他是谁，学生也在判断他是谁，学生对他有敬意或瞧不起，反抗或喜欢，都不仅仅因为他的专业，而是因为他的全部人格。希望每一位教师，都能永葆教育初心，始终遵循教育规律和学生的成长规律，努力提升专业素养和育人能力，做学识广博、业务精湛的"经师"，更做德艺双馨、身正世范的"人师"，用专业和敬业助力学生成长成才，用爱心和智慧把学生的梦想点亮。

静听石榴花开　第二辑

　　教育没有情感，没有爱，就如同池塘没有水。没有水就没有池塘，没有爱就没有教育。

——亚米契斯

用"对分"模式推进教学改革

教育的意义在于唤醒，而不是灌输和塑造。教育教学如此，课堂教学改革也是一样，需要自上而下的政策推进，也需要自下而上的实践创新，这其中最重要的，是要营造民主、开放、对话的氛围和环境。

"对分课堂"，即复旦大学心理学教授张学新提出的"精讲留白、独学内化、小组讨论、师生对话"的四元教学模式。"精讲留白"，是指教师做引导性、框架式讲授，引发学生学习兴趣，只有学生想学习，学习的过程才不觉得困难；"独学内化"，是指用半结构化作业辅助学生在独立学习中产生疑惑；"小组讨论"，是指运用"亮考帮"，让学生进行讨论互相展示学习成果，分享学习心得，解答疑难困惑；"师生对话"，是指学生提出组内未解决的问题，由教师解答并总结拓展，整个过程形成一个学习的闭环。

"对分课堂"的实施，引发了教育生态的深刻变革，学生回归课堂主体地位，教师真正成为学生学习的引导者和合作者，师生之间、生生之间形成民主、开放、对话的合作关系，让学习轻松高效，让课堂生机盎然。"对分课堂"减轻了教师负担，教学不再是体力活；教师由关注如何教转向关注学生如何学，由关注知识讲授转向关注育人，教师的动力得到激发，实现了教学相长。"对分课堂"让学生乐学善学、批判质疑、勤学反思、实践创新，释放了学习潜力，最终让孩子走向自主学习和自我教育。

从2022年6月，我们以徐庄镇学区为试点引进"对分课堂"，7月邀请坊子区实验小学团队现场指导，9月启动"对分课堂"实践，10月以实验高中语文学科为试点线上学习"对分课堂"课例，寒假组织"对分课堂"交流培训；2023年3月启动"对分课堂"教学能手赛课，派出骨干教师到漯河实验高中学习交流，4月派出骨干教师到坊子区实验小学跟岗学习。老师们通过在线课例学习、专著阅读分享、课堂教学实践，专题教研跟进、对标考察交流，在模仿中内化，在实践中求证，在教研中提升。截至目前，十几所中小学都开启了"对分课堂"实践，"对分课堂"在莘州大地花开满园。

分管教学工作以来，我深刻地感受到，教学工作的重心一要放在课堂上，课堂教学是中心环节，要坚持"学生第一"，要让教师的教落实到学生的学上，让思维丰盈课堂，让学习真实发生；二要放在教师上，百年大计，教育为本，教育大计，教师为本，教师的素养决定着教育的质量，要坚持"教师第一"，加强教师专业培训，引导教师读书写作，营造浓厚教研氛围，推进教师专业成长。

吴非老师在《教师比学生更需要学习》一文中写道：教师只有比学生善于学习，他才可能会教，因而才可能是师，也只有比学生更知道需要学习，他的教才可能是有价值的。作为教师，应当为"育人"而终身学习，不断地学习新的教学方法和教改经验，更新教育思想和教育理念，让自己成为"源头活水"，滋润学生渴求知识的心田，影响学生树立终身学习的理念，并帮助他们为终身学习打下坚实基础。要想让学生学好，首先要让老师学好。适用于学生的教学方式方法，如果科学有效，同样也适用于教师。

在梳理"对分课堂"实施过程中我们发现，"对分课堂"得以短时间内在全县大范围、深层次地推开，靠的不是强力的行政命令，而是通过让大家认识"对分"，接纳"对分"，在实践中感受到"对分"的益处，从而自觉自愿地去探索，去实践。当然，这其中还配合以点带面、由表及里的总体推进设计——与其大刀阔斧地改革，不如润物细无声地改进。一路走来，我惊喜地发现，我们一直在用"对分"的模式推进"对分课堂"改革，这源于在实施之前，我们经历了较为深入的学习阶段，让"对分"深入骨髓，内化成一种心理习惯和行为范式。

2023 年 2 月，我在实验高中以《核心素养背景下，我们需要什么样的课堂》为题，从重新认识核心素养、重构教与学的关系、中国教育新智慧三个方面做了一场"对分课堂"学习汇报。汇报中，我回忆了读研期间李老师的课堂，他是兼职导师，每周四晚上上一次课，每次课他都带三本书，讲完正课即简要介绍三本书，安排我们每人选一本，一周内读完，期间先三人交流探讨，下一次上课时，学生先讲读书体会和疑问，他来答疑解惑，然后再上正课，再交换书或推荐书，如此循环。

直到现在，那一段时间读过的书我依然印象深刻，胜过了其他任何时候读过的书。思考其原因，我惊奇地发现，李老师的做法竟然与"对分"的理念不谋而合：教师介绍书是"精讲留白"，让学生课下读书是"独学内化"，三人交流是"小组讨论"，第二节课展示读书体会和教师答疑解惑是"师生对话"。

"对分课堂"弱化教师的权威，由"权本权威"的强力压服转向"贤本权威"的令人信服。课堂上讲授和讨论的对分，其实是师生权力和责任的对分，师生分担权力，共担责任，构建一种民主、开放、对话的合作关系，从而，教师变得和蔼可亲、笑容满面，学生得以个性舒展，健康成长。

　　教育的意义在于唤醒，而不是灌输和塑造。教育教学如此，课堂教学改革也是一样，需要自上而下的政策推进，也需要自下而上的实践创新，这其中最重要的，是要营造民主、开放、对话的氛围和环境。那么，如何营造这样的氛围和环境？实践和反思告诉我们，用"对分"模式来推进教学改革无疑是一个好的选择。

放手的力量

放手，是一种尊重；放手，是一种成全；放手，是一种成长；放手，还是一种爱。作为教师，让我们学会放手，为孩子撑起一片自由翱翔的天空。

2021年8月，我们明确了"聚焦高考研究，打造名师团队，落实过程管理，在学科教研上发力"的高中教学工作思路，从高考研究、教师成长、教学管理几个方面入手，将最终的落脚点和发力点放在学科教研上。经过两年的尝试和积累，变化在悄然发生，老师们对高考的研究逐步深化，对核心素养下课堂教学的把握更加到位，尽管进步还相对缓慢，但我们看到了一个值得期待和憧憬的未来。

从2022年高考开始举办复习研讨会，一路走来，我们感受到三种力量在生发：合作的力量、研究的力量和放手的力量。我想，正是这样的力量，在助推课堂教学走向高效，学科教师成为专家，教学工作不断取得进展。

合作，促教学协同发展。李希贵曾说，绝大多数领导喜欢看到下属竞争，竞争有利于局面掌控，于是，组织内部制度的设计偏竞争的多于合作的，而生态恶化一般源于过度竞争的制度。在他看来，在组织内部应追求合作，形成组织能力，正所谓攥起拳头有力量，有了这个力量，我们才能在外部世界里竞争。没有完美的个人，却有完美的团队。2021年9月，我们搭建全县高中教学发展共同体，成立"教研培一体化"学科专家团队，实施"青蓝工程"青年教师跟进培养计划，通过开展教学围观和视导、统一质量监测和分析、强化素养培育和展示等措施，打破校际壁垒，搭建协同发展平台，真正实现高中教学从单兵作战到抱团发展的转变。

研究，让备考更加精准。苏霍姆林斯基曾说："凡是感到自己是一个研究者的教师，最有可能变成教育工作的能手。"备战高考，方向比努力更重要。2019年高考评价体系提出"价值引领、素养导向、能力为重、知识为基"的命题理念，新高考注重学用结合，创设真实情境，突出思维品质，强调开放灵活，这就要求课堂教学要摒弃机械刷题，培养核心素养。其后三年，我们在高考研究上坚持"三个一"：第一时间召开新老高三传承会、组织高考命题研讨会、开好两轮复习研讨会。复习研讨会先派出骨干教师外出学习，回来组织复习课观摩、复习策略交流，大家在研究中加深对高考的理解，备考复习更加精准高效。

放手，把课堂还给学生。教育家夸美纽斯在《大教学论》中说："教学的主要目的在于寻求一种教学方法，使教员因此可以少教，学生可以多学。"一节好课，首先学生始终处于学习状态，其次学生始终向着目标学习，大部分学生能够达到学习目标，部分学生能够实现目标之外的精彩。学是教学的出发点和落脚点，教学的中心在于学而不在于教，教应该围绕学来组织、设计和展开。学规定着教的性质和进程，体现着教的总体预设效果，教的任务是否完成要看学习目标达成情况。在教学中要把学习的权利还给学生，以激发学生学习兴趣、培养学生学习能力、引导学生自主学习为最高目标。

　　复习研讨会课堂观摩环节，大家领略了莘县一中"6＋1课堂"和实验高中"对分课堂"，两种课堂教学模式争奇斗艳，又异曲同工。两种模式区别在于教学设计的具体环节和步骤，"6＋1课堂"以"导、思、议、展、评、检、练"为固定环节，"对分课堂"以"精讲留白、独学内化、小组讨论、师生对话"为基本环节。共通点在于都以学生学习为中心，真正实现放手，把课堂还给学生。我们发现在传统课堂教学中，学生学习的"敌人"是依赖，教师教学的"悲哀"是包办。放手，不是放任不管，放的是"一言堂"和"满堂灌"，不放的是必要的引导、启发和点拨，放手的目的是让学生在课堂上自主学习、独立思考、合作探究、动手操作、大胆表达，让学习真实发生。

　　鲁迅先生在《且介亭杂文》中曾说过，即使艰难，也还要做，愈艰难，就愈要做，改革，是向来没有一帆风顺的，冷笑家的赞成，是在见了成功之后。莘县一中自2018年引进"6＋1课堂"模式，先后派出骨干教师到石家庄精英中学和长垣一中学习，历经研讨论证、试点推进，全面推开。改革初期，有诸多的不适应和质疑声，岳纪平校长的坚持，让课改先有形式，后有内容，老师们的课堂理念发生了转变。经历了学习、借鉴、实验、修正、完善的过程，莘县一中总结出一套基于学习进阶的"1161"课堂教学模式，即一个原则、一个载体、六个环节、一个落实。"一个原则"即先学后教，"一个载体"即导学任务单，"六个环节"即目标导学、自主思学、合作议学、激情展学、师生评学、达标检学，"一个落实"即发展思维品质、落实核心素养。2021年，"1161"模式获山东省"深化高考改革提升育人质量"优秀成果一等奖；2023年1月，莘县一中入选山东省创新素养培育实验学校。

　　目前"对分课堂"改革已在县域小学、初中、高中全面铺开，各学校都开始反思课堂，重构课堂。当我们组织同课异构、课改研讨活动时，我们越来越发现，课堂教学最重要的任务是培养学生的思维品质，这就要求首先培养学生独立思考的习惯；让学生主动学习，课堂上就要做到放手，留给学生思考的时间和空间，让学生经历思维过程。只有把课堂还给学生，教育才真正返璞归真。

记得 2022 年 9 月，在一轮复习研讨会上，莘县一中李晓翠老师执教《阿房宫赋》复习课，课前安排学生就新高考文言文四个题型命题，学生分小组对命题再筛选，讨论命题理由，推选小组发言人；整节课以学生展示为主，小组发言人展示本组命题，结合高考阐释命题理由，展示落落大方，互动积极踊跃；教师把讲台让给学生，站在台下适时点拨，奖励小组积分调动学生参与，让学生真实体验学习的愉悦。莘县一中崔琳琳老师执教《全球联系的初步建立与世界格局的演变》一课，预设问题突出重难点，自主学习环节，学生在导学案引领下，研读教材文本，独立思考，提出质疑；在思和议基础上，放手让学生展示，学生回答不完整时，教师引导其他小组补充纠正，留足思考的时间；教师的精讲点拨引发个别学生深度思考，课堂生成又激发了教师对预设问题的反思。生成不是对预设的否定，而是对预设的挑战，这是一次冒险的学习，师生在放手中收获了意想不到的精彩。

二轮复习研讨会上，莘县实验高中白珍珍老师执教《小说作品意蕴的探究》一课，第一次大胆尝试以"对分课堂"形式上高三复习课。精讲留白环节做引导性、框架式讲授，以教材中《百合花》为例，阐明意蕴的含义，讲授高考中意蕴类题目的设题方向，分析答案相通之处，但不说出答案；独学讨论环节，把总结考查角度和答题技巧的任务留给学生独立完成，教师未多说一句话，小组讨论采用"亮考帮"的形式，四人一组，组内人人参与，没有学会的同学虚心向同伴请教，已经学会的同学指导同伴的同时，发现自己思考的不足；师生对话环节，学生展示小组讨论成果，提出组内未解决的问题，教师在纠正补充的基础上有针对性地答疑解惑，整节课参与度高，教师的讲解直击学生学习的疑难点，营造出愉悦、高效的课堂学习氛围。

世间诸事就像沙粒，当你握得越紧，流失得越多。放手，是一种尊重，意味着教师对学生主体性的认同，对教育规律和人的成长规律的敬畏；放手，是一种成全，意味着教师不再企图掌控学生，左右学生的未来，而是将学习和思维的权利还给学生，让学生为自己的生命成长掌舵；放手，是一种成长，意味着教师教学生如何学的同时，学生也教教师如何教，教师的最高境界是培养出自己崇拜的学生，实现真正的教学相长；放手，还是一种爱，一种更加理性、更加负责、更加伟大的爱。作为教师，让我们学会放手，为孩子撑起一片自由翱翔的天空！

课堂四问

一节好课，应该是兼顾不同的学生，激发他们的兴趣和思维，引导他们知行结合，学有所获。作为教师，课堂上要悄悄将自己的光芒隐藏，把更多的机会留给学生，让学生成为课堂的主体。

参加小学教学视导活动时，我听了一节数学复习课，整节课很顺畅，教师思路清晰，单元知识整合堪称完美，学生听课认真，教师多次提问，学生都能不假思索地回答正确。面对这样看似完美的课堂，我却生出一种莫名的感觉，到底是哪里出了问题？

课堂上，老师是否可以少讲，甚至不讲

传统的课堂，是通过教师的教授来完成的，教师在前边走，学生在后边跟，对于走得慢的学生，教师的讲是一种引导，对于走得快的学生，教师的讲是一种限制。教师讲授过多，会让学生在坐享其听中变得迟钝和麻木，最终有可能失去学习的能力和兴趣，因此，课堂教学改革要从教师观念的转变开始。

美国第 28 任总统威尔逊，曾任普林斯顿大学校长，长于写作，且富有辩才。有一次，一朋友问他："您准备一个 10 分钟的演讲，大概要用

多长时间?"威尔逊想了想说:"两个星期。"朋友又问:"一个小时的演讲,要准备多长时间?"威尔逊回答:"一个星期。"朋友最后问:"如果是两个小时的演讲呢?"威尔逊说:"不用准备,现在就可以讲。"

这个故事教给我们一个道理,就课堂教学来说,让教师减少话语比增加话语更难。好的课堂,应该是让学生多说多做,教师少讲精讲。留给学生更多质疑、思考、交流和表达的机会,意味着坚持学生主体地位,让学生站在课堂中央。

对于教师而言,授课是在周而复始地教授同样的内容,但对于受教育的学生来说,每一节课都是学生在不可逆的年龄阶段与教师所共同经历的独特体验。所以教师要敬畏课堂,把每次课堂,当作自己与自己的同课异构,当作与不同学生共同切磋的成长舞台。

教师在课堂上讲什么、不讲什么,不能随心所欲,跟着感觉走,要专门去研究学情,研究教学内容,关注自己的教法和教学艺术,关注学生的学法和学习效率,布置落实好每一个教学任务,从而让学生们经历一个有自我思考探索和互动交流合作的过程,经历一个由自我观察发现到抽象认知、建构知识框架的思维过程。

什么样的课堂提问才有效

一节课老师提问了十几次,师生问答如行云流水,学生标准答案式的回答,与老师精准的评价性语言不谋而合,整节课完全在老师股掌之间。但是一堂没有学生提出疑问的课堂,就不曾对学生构成必要的智力或智慧挑战,学生的思维停留在原有的水平上,也就不存在生长点。课后,我在想,课堂上,是不是允许出现超出预设的回答,甚至错误的回答?什么样的课堂提问才有效?

吴非老师曾经讲述过一个真实的故事,他的两名高中学生打赌,一名学生说，这次期末考试数学要考一个 65 分玩玩，另一位学生说，他准备考一个 80 分玩玩，结果，准备考 80 分的学生考了 86 分，准备考 65 分的学生真考了 65 分，考 65 分的学生赢了。

想考多少分就能考多少分，他要把该做对的都做对，该做错的都做错，这才是真正的高手。课堂上要允许学生答错，甚至老师也可以故意犯错，来引导学生质疑、观察、思考、探究。错误，是课堂教学的宝贵资源，是课堂教学中转瞬即逝的教育契机。

课堂提问是在课堂教学过程中，根据教学进程、学生状态等设计问题进行教学问答的一种教学形式，是实施教学步骤的基本手段。有效的课堂提问，能促进学生积极地参与教学，获得知识，同时还能调动学生学习的兴趣，在致力于回答教师问题的同时，培养发散思维、批判思维、逻辑思维以及创新性思维。

教师要转变教师本位的课堂观念，要不断追问自己，我为谁而教？教师的教，应服务于学生的学。课堂上，面对答错的或不会回答的学生，要等一等，在学生的知识和思维的漏洞处，给学生及时提示、留白，让其再思考或者创设相互交流的机会，积极鼓励，慢慢引导。

在对学情充分掌握的前提下，针对不同的学生，因人而异，设置合适难度的问题，还要根据学生的思维规律，由易到难，由浅入深，层层递进，环环相扣引导学生深入思考。在复习课上，可以尝试让学生来提问或者直接说出自己不明白的地方，开展小组交流合作，教师再适时评价与拓展，真正让课堂提问起到激发兴趣、点燃思维、解决疑难、开阔视野的作用。

课堂上，如何落实思维的可视性

这节复习课，老师把本册教材中涉及图形的知识点归纳整合起来，给学生展示了一个相互关联的知识网络，相当于画出了一幅思维导图。我在想，如果这项工作是孩子自己完成的，那该有多好。

寿光小学英语教研员王君老师每次评课，都要用一个小黑板，一笔下来就是一只可爱的小动物，接着发散出来很多信息。她倡导思维导图式教学，思维可视化教学，运用思维导图把本来不可视的思考方法和思考路径清晰可见地呈现给学生。学生在老师的引导下，打破原先的片段化思维，逐步建立起完整的知识体系。

在思维导图的基础上，王君老师还尝试实施"基于核心素养的小学英语单元整体教学"，打破教材中自然单元界限，根据学生现有知识储备与接受能力，就英语的某个知识点或某个话题、情景，对教材内容进行二次开发和重组。

学习的本质就是在信息之间建立联结。有效学习即两点，一是挖掘学习者的原有经验，二是找到新知与经验的联结点，当学生大脑内产生联结时，学习就发生了。课堂上老师教的不应是孤立的知识，而要是一种联系，用联系的方式来教知识。人是借助相似性，通过寻找新旧知识的相似性来学习的。

有一次，在听初中语文能手课时，一上午四节课黑板上竟然没有写一个字，课件完全取代了板书。在我看来，这有点本末倒置，课件与板书的关系不是对立的，而是相互补充、相辅相成的。板书应该是教学内容的浓缩，至少在内容的生成性、方式的互动性、呈现的持续性上有着不可替代的优势，所以我们提倡思维导图式板书设计，通过这样的板书引导孩子的思维，让有效学习真实发生。

如何让学生体验和经历学习

小学数学课上，教授学生一个定理，比如三角形内角和为 180 度，我们与其让学生背下来，不如让他们自己去推导，证实这个定理，后者带给学生的体验可能会让孩子记忆一生。

2021 年，我在一所小学听课，执教老师为了展示课件，拉上窗帘，教室内黑漆漆的，阳光偶尔透过窗帘的缝隙射进教室。只听执教老师讲道："太阳出来了，千万缕像利剑一样的金光，穿过树梢，照射在工人宿舍门前的草地上。草地上盛开着各种各样的野花，红的、白的、黄的、紫的，真像个美丽的大花坛。"然后让同学们想象一下，太阳照在草地上是什么样？

在这所小学，站在教室的窗前向外张望刚好能看到教学楼下的花坛，我想，如果老师讲到这一段时，拿出两分钟时间让孩子们站在窗前看一会儿，效果是不是比凭空想象好得多？

还有一个经典的案例，一次英语课上，讲动词词组"go out"，老师领读了两遍，说："Look，this is go out."说着推开门头也不回地走出教室，教室里一片安静，学生们一片愕然，大概十几秒钟后，老师回到了教室，跟大家说："I am back."此时，学生们哈哈大笑起来。如此一个举动，让孩子们真实体验到了知识，课堂效果超出想象。

由此来看，一节好课，应该是兼顾不同的学生，激发他们的兴趣和思维，引导他们知行结合，学有所获。作为教师，课堂上要悄悄将自己的光芒隐藏，把更多的机会留给学生，让学生成为课堂的主体。

小学"四步一法"习作教学模式初探

　　小学"四步一法"习作教学实验，让我们坚信：实践是检验真理的唯一标准，通过课题引领，让教育实践与教育理论相结合，就容易做出自己的教育改革成果。

　　与老师们交流会发现，习作教学一直是困扰小学阶段语文教学的"老大难"。2021 年 10 月，我们组织了一次小学教师教学论文比赛，一篇习作教学论文引起了大家的关注：东鲁小学李学堂老师的习作教学实验开始在自己班级实验，后来在全校推广，取得了显著的效果。

　　经过一段时间的实践，"说说、写写、改改、赏赏"和"分项二次计分法"的"四步一法"习作教学架构雏形初现。其中，"分项二次计分法"中的"分项"即列出每一篇作文评价的条目，"计分"是在每个条目下面以分数的形式评价习作内容方面的优缺点，"二次"是对学生的习作进行两次计分统计，给学生补救、完善习作的机会，帮助学生提升习作的整体水平，找回信心。

　　下面，对"四步一法"教学架构的"四步"进行具体的解读。

说说：精要点出要素，强化写前指导

"说说"是基础，是对习作要求的解读，是习作教学的第一步。进行单元习作教学前，要确保学生明确本单元的习作要求。"说说"首先是教师的"说"，即写前指导，运用多种方式，采用各种办法，创设情境，尽最大努力贴近小学生的生活和学习特点，进行有针对性的引导，达到让学生有话想说、有话可说、有话能说的效果；其次是学生的"说"，在教师对习作进行指导的过程中，学生也积极参与其中，师生共研习作要求，达成对习作目标的正确认知。此环节要点是力争使指导准确、精细，为学生下笔成文打下坚实的基础。

写写：模拟真实训练，课堂限时成文

"写写"是对"说说"的训练和检测。学生明确了习作要求，课下可以查找相应的资料，可以回忆生活场景，可以询问教师，可以小组讨论，甚至可以学习同类例文，为创作做前期准备。"写写"必须在课堂上完成，讲究时间和速度，全程模拟考场情景，强调学生对习作要求的把握、对书面整洁度的把控、对书写速度的检测以及对遣词造句和标点符号用法等的综合考查，学生不能讨论，不能查字典，不能问老师和同学……三十分钟完成习作，重点训练学生限时成文。

改改：评改同步进行，积跬步至千里

"改改"是"四步一法"的重头戏。对学生作文进行评改，由学生评改、教师评改、生生互改、师生互改共同组成，几种形式没有主次，不分先后，根据习作的类型与特点、年级高低、学生习作水平等灵活运用。

摒弃书面整洁、格式正确、无错别字、标点正确等面面俱到的笼统标准，围绕作文目标及学生作文完成情况确定具体修改目标，引领学生读文、看篇、找病（优）点，让学生学有例子，改有方法，指导与评改同时进行，当堂落实，在合作探究中完成对作文的修改提升。课后，习作"小先生"运用"分项评价法"再次与作者互动，提高作文质量，老师批阅完善后的作文，为"赏赏"课做准备。

课堂上，教师是指导者，学生是主动者，学生化身小老师，互相交流、评价。对学生而言，这既是输出过程也是输入过程，整个流程清晰明了，教与学相得益彰，每个学生都能进行深入思考，课堂效率高，习作教学的效果事半功倍。

赏赏：调动积极因素，多重激励学生

"赏赏"环节意在鼓励。课堂上，教师用 PPT 制作光荣榜，朗读同学或教师对优秀文章的推荐语，然后进行习作展示，目的是运用多种形式激发学生的写作积极性和自豪感。亦可展示习作中的"教师美言""家长美言""同学美言""自我美言"，同时对习作纸张的边框进行个性化的装饰。事实证明，"赏赏"课是最受学生欢迎的。

小学"四步一法"习作教学架构简单易懂，便于操作。对学生而言，人人可说作文、写作文、评作文、改作文、赏作文。而一线教师只要具备基本的语文素养，或是经过简单的习作教学备课，即可胜任习作教学工作。

静听石榴花开

教育是一项常学常新的事业，教师成长对于教育发展尤为重要。当教师通过学习和思考，不断超越和提升自己的境界的时候，才能真正成为学生健全人格的呵护者，精神成长的引领者。

当下，很多教师抱怨没时间阅读，没时间反思，更没有精力去写作。不读书的老师教出喜欢读书的学生，不反思的老师教出善于思考的学生，不写作的老师教出文采斐然的学生，恐怕是天方夜谭。怎么引领教师阅读，服务教师阅读，对教育管理者而言，是个不小的考验。

我们在 2020 年创办"小石榴读书"公众号，旨在通过教师写作引领教师阅读和反思。之所以取名"小石榴读书"，考虑有二：一是搭建师生读写共同体——每位教师和学生都是一颗石榴籽，在莘县教育的大家庭里紧密团结，资源共享，抱团发展；二是源于县实验小学的两株植于 1907 年的石榴树，春天老树发新芽，夏天开出朵朵花，秋天结出颗颗果。创办赋能教师写作的平台，如同栽下一株石榴树，深深扎根于莘县教育的沃土；品读一个闪光的故事，收获一份感动，如同品尝石榴籽一样甜美。到 2023 年底，基本实现了我们"根植莘县教育，服务师生成长"的初衷。

2023 年底，微信公众平台为每个公众号做了一个创作历程统计。我们的"小石榴读书"公众号，年度发表原创文章 416 篇，共计 55.2 万字；年度阅读量 12.9 万次，被 3.8 万人看过；总关注数 3958 人，其中 1021 人是常读用户；年度收获 4518 次分享，1046 次点赞。数字的背后，是大家的共同努力和坚持，也是大家的共同进步和成长。

几年来，公众号为不少学校开设过师生专版，涌现出彭清、李军、宋黎建、杨晓松、韩孟华等一大批热爱写作的一线教师，他们中大部分是乡村教师，可以说，公众号为广大一线教师提供了一个展示自我的舞台。公众号还与"名校长工作室""校长派""中小学教学之家""对分课堂"等知名教育公众号和一些知名教育专家公众号互设白名单，成为区域有一定影响力的教育公众号品牌。

公众号的缘起，要追溯到 2019 年——我在县实验小学工作期间，开展了一次全覆盖的谈心谈话活动。谈心谈话是调查研究，是学习启迪，是思想碰撞，也是心灵交流。大家谈到读书写作，也谈到一些教育故事，有成功的经验，也有失败的教训，种种原因的影响，很多没能及时总结和反思，甚至被遗忘，闪亮着成长火花的瞬间，被淹没在时间的海洋里。遗憾之余，我们提出开展一次"我的教育故事"教育叙事征集，在公众号开设"JING 悦刊"专栏。值得欣喜的是，老师们佳作频出，一时成为大家朋友圈里讨论的热点，这是"小石榴读书"公众号的 1.0 版本。

2020 年，局党组派我到寿光市教体局挂职学习。半年间，我们组织 27 批次考察学习活动，涉及 235 人次。同时，在公众号开设"学在寿光"专栏，记录挂职学习的经历以及心得体会，向家乡传递寿光先进经验。后来，我们每年都选派校长和骨干教师到寿光学习，这个专栏也一直沿用，这是"小石榴读书"公众号的 2.0 版本。

2021 年 12 月，在小学语文教研员李云的策划下，我们选出 12 位年轻教师，他们爱写作、有公心，义务承担起公众号的编辑工作，开设"润物无声"栏目，刊登教师教育类文章（教育叙事、教学随笔、教学案例、教育论文等）；开设"静听感言"栏目，刊登教师文学类文章；开设"莘莘学子"栏目，刊登学生作品。每周二、周五各编辑一次。这是"小石榴读书"公众号快速发展壮大的3.0版本。

"小石榴读书"公众号从创办之初到成为有一定影响力的教育平台，我一路陪伴，一路见证，一路收获。这段经历更加坚定了我心中的坚持：作为教育管理者，要关注教师成长，引领教师成长，服务教师成长。

教育是一项常学常新的事业，教师成长对于教育发展尤为重要。当教师通过学习和思考，不断超越和提升自己的境界的时候，才能真正成为学生健全人格的呵护者，精神成长的引领者。只有教师成为"幸福的教育者"，才能教会孩子成为"幸福的学生"。

作为教育管理者，他的管理艺术在于激发教师教书育人的热情，引领教师自觉成长。这就要求：管理者应当是先进教育理念的传播者，尊重教师，善于倾听，作风民主，引导教师把个人成长与学校发展融为一体；管理者应当是教育改革的先行者，敢为人先，开拓创新，带领教师始终走在教育改革的前沿；管理者应当是良好氛围的营造者，要真正深入课堂，走近教师，与大家共读、共学、共研，营造浓厚的教师成长氛围；管理者应当是美好教育的描绘者，通过建立激励机制，让教师找到进取的方向，多一些对教育的追求。

管理的本质在于服务，管理者要善于搭建教师成长的平台，为教师提供展示自我、提升自我的机会。"小石榴读书"之所以受欢迎，成为具有影响力的公众号，就是因为切中了大家的需求，用李镇西老师的话来说，"为未来留一份让自己或怦然心动或热泪盈眶的温馨记忆"，与此同时，也让大家看到了更好的自己。很多一线教师坚持教育写作，思想越来越深刻，教学越来越成熟；一些一线教师原来很少写文章，从这里起步，成了作家协会的会员；还有一些一线教师通过自己写作，带动学生写作，甚至带动一方校园成为写作的乐园。

感恩一路走来，大家在平凡中的相依相伴，在风雨中的不离不弃。相信，经历春天的播种，夏天的浇灌，必将迎来秋天的收获，让我们细心地呵护，耐心地等待，静听石榴花开的声音。

让学校成为教师成长的摇篮

"青蓝工程"师徒结对对年轻教师是一种引领和带动，对老教师是一种鼓舞和激励。认真做好三件小事，让学校成为学生成才的摇篮的同时，也成为教师成长的摇篮。

最近，我参加了莘县二中的"青蓝工程"师徒结对仪式，四十余名教师结对，徒弟向老师献花、鞠躬，老师为徒弟赠书，提出希望；整个活动中，老师们脸上洋溢着发自内心的笑容，我被现场的氛围感染，仿佛听到新老教师共同拔节生长的声音。

在现场氛围的感召下，我跟大家分享了安丘市青云双语学校的校园MV 歌曲《画》。这幅"画"里有老师对学生的期望，学生对老师的感恩，师生对学校发展的共同憧憬。这是幸福学校教育的缩影，校长引领着师生共同成长，校长和师生共同参与、见证着学校发展。

我们一直强调"学生主体""学生中心""一切为了孩子，为了孩子的一切，为了一切孩子""为孩子的一生幸福奠基"……以学生为本，为孩子的终身发展积蓄力量，是学校努力的方向，然而这一切都离不开教师，都要通过教师来完成，教师的高度决定学生成才的高度，也决定学校发展的高度，学生的成才和学校的发展都要紧紧依靠教师。

　　教师的成长也要依托学生，教师从来不只是一个付出的职业，在引领和陪伴学生成长中，教师自己也在不知不觉中成长。教师帮助学生成长得越多，自己发展得越快。"弟子不必不如师，师不必贤于弟子"，最好的教育应该是师生如春天的花儿，共同沐浴阳光，一起竞相开放。

　　教师要爱学生，谁来爱教师呢？在潍坊峡山双语小学，有这样一句话：学校拼命对老师好，老师拼命对学生好。"拼命"是一种理念，是一种态度，也是一种担当，如同教师是学生成长的引领者、促进者、帮助者、陪伴者，校长也应该是教师成长的引领者、促进者、帮助者、陪伴者。

　　校长关注老师应该像老师关注孩子一样，不仅关注学业进步和体质发展，更要关注精神成长，要努力创造条件，引领、促进、帮助、培养教师成功，满足青年教师的"发展需要"，满足中年教师的"成就需要"，满足老年教师的"尊重需要"。今年的教学工作会上，我们提出了"教师第一"理念三件小事：开展"青蓝工程"结对拜师活动；建设名师工作室，发挥名师辐射带动作用；对退休教师开展荣退仪式活动。

　　学校只有把教师放在第一位，教师才能把学生放在第一位。无论是生活中，课堂上，教师的一举手一投足，都会潜移默化地影响学生。学校要成为学生成才的摇篮，首先要成为教师成长的摇篮。

　　结对仪式后，冯秀丽老师发朋友圈：今天晚上学校开展了老教师与青年教师结对培养的"青蓝工程"活动，我也成为年轻教师的老师，顿时觉得肩上责任重了，也感觉自己老了，老骥伏枥，志在千里，尽己所能，带好徒弟！

　　"青蓝工程"师徒结对对年轻教师是一种引领和带动，对老教师是一种鼓舞和激励。期待更多的学校从三件小事做起，为学校的发展注入不竭的动力，让学校成为学生成才的摇篮的同时，也成为教师成长的摇篮。

坚信优秀品质的力量

当我们全力以赴去做一件事情，享受过程，不问结果，成功反而不期而遇。坚持最大的价值就是坚持本身，不是看到希望才坚持，而是因为坚持看到了希望。

莘县是教育大县，教育教学质量连续二十几年在全市处于领跑地位。一个地方的教育质量高，培养出的优秀人才多，自然就有更多的优秀人才关注家乡，反哺家乡，这个地方的各项事业发展后劲就会越足，教育生态就越好，如此便形成了一个良性循环。

作为教育管理者，如何借助好这一优势，助力教育发展呢？我们尝试了以下做法：充分利用校园网、公众号等现有资源宣传校友的优秀事迹，激发带动莘莘学子努力学习，积极进取；利用在读大学生假期返乡机会，邀请优秀校友回母校与在校学生面对面交流，畅谈理想与奋斗，分享成功和成长；借助校友资源，每年举办赴京求学新生交流座谈会，邀请在京莘县籍高校教师，分享学习体会，答疑解惑，扶上马，送一程。

我有幸参与其中，受益匪浅，感触良多。这些活动的开展，实现了"凝聚最多资源、造福最广学子、形成最宏展望、回馈最美家乡"的愿景，加深了校友与母校的情感联系，也让中学生们收获了科学高效的学习方法，找到了对标的榜样，让立志、自律、坚持等优秀品质在新时代学子中广泛传承，助力更多学子成为更好的自己。

立　志

党的二十大报告指出："坚持为党育人、为国育才，全面提高人才自主培养质量，着力造就拔尖创新人才，聚天下英才而用之。"而能够担当民族复兴大任的时代新人，首先要具备爱国情怀和社会责任感。

在2022年的全县中小学教学工作会议上，我曾以石家庄精英中学毕业生梁墨池举例，2019年，他高一入校后，记者问起学校文化对他个人理想的影响时，他说："到精中之前，我的梦想是考上一所好的大学，找到一份好的工作，成就自己的一番事业。而精中对梦想的定义大大震撼了我的心，精中的校训是'胸怀天下，自强不息'，不是你成就了自己的事业就是实现了梦想，而是这个世界因为有你，千万人能够实现自己的梦想。"三年后，这位同学考上了清华大学，站在了更高的台阶去追寻梦想。办教育，要想方设法使学生立大志，立长志，方能成就大才。

在中国人的精神谱系里，个人前途和国家命运从来都是相辅相成、有机统一的，只有将个人价值融入社会价值之中，个人价值才更有意义，也才能够实现价值的最大化。"先天下之忧而忧，后天下之乐而乐。""问苍茫大地，谁主沉浮？""今日之责任，不在他人，而全在我少年。"当前国际形势复杂多变，面对百年未有之大变局，落实立德树人这一目标显得尤为重要。激励青年学子心怀"国之大者"，立志民族复兴，练就过硬本领，担当责任使命，为实现第二个百年奋斗目标、实现中华民族伟大复兴的中国梦而接续奋斗，教育他们自觉把个人理想与国家前途命运联系起来，树立远大理想，胸怀家国天下，将来做一个有益于国家社会的人，用服务社会、奉献祖国的实际行动来书写自己的辉煌人生，便成为教育工作者头等重要的责任。

自　律

人有多自律，就有多优秀。很多优秀校友的成长历程都印证了这句话。德国哲学家康德说："自律是不受外界约束、不为感情支配，根据自己的'意志''良心'为追求到的本身的目的而制定的道德原则。"我们按照计划完成一项任务，过程中不可避免会遇到一些诱惑，如果我们能够做到延缓满足，克制当下，完成任务后再休闲娱乐，就会收获自律和娱乐的双重愉悦和满足。自律是一种自我管理，管理自己的身体，管理自己的情绪，管理自己的时间，自律的人生充实而有意义。

自律，首先要管理好自己的身体。人生是一场马拉松，身体是革命的本钱，人生的其他要素，财富、事业等都是"0"，身体健康是"1"，拥有健康才拥有希望和未来。其次要管理好自己的情绪。高中阶段的学生智力迅速发展，自我意识增强，生理和心理趋向成熟，容易出现紧张、焦虑、浮躁等负面情绪，尤其要学会情绪管理。再次要管理好自己的时间。人的精力有限，一张一弛，劳逸结合，学习才会高效。王庄集镇中心初中优秀校友冯同学复习考研时，白天不玩手机，晚上拿出一个小时追剧看电影，放松身心；莘县一中优秀校友孙同学面对高三高强度学习，每天挤出时间在操场上慢跑，听听音乐，放空大脑……前些年，《致困惑中的年轻人》一度畅销，作者加藤嘉一认为，自由从自信来，自信从自律来。自信是对事情的控制能力，如果连最基本的时间控制都做不到，还谈什么自信呢？

对"越自律，越自由"，很多人表示不理解，认为自律是约束，与自由背道而驰。其实，自由不是放纵自己，而是主宰自己，不是随心所欲，而是有所为，有所不为。自律是"从心所欲，不逾矩"，是建立在不违背法律和道德的基础上，遵从内心的一种选择。选择就必定有所获得，有所舍弃。当我们舍弃懒惰，就收获勤奋；舍弃骄傲，就收获稳重；舍弃浮躁，就收获坚韧；舍弃那个不好的自己，就成为那个更好的自己。

坚　持

　　现实中，有些人选择随遇而安，有些人选择为了目标，一直努力。人生目标要高远，更要坚定，初心不改，方能行稳致远；自律是一辈子的事，好的坚持，本身就是一种自律。

　　莘县一中优秀校友江同学，从小喜欢画画，学习成绩也一直名列前茅，高中分文理科，老师建议她学理科，她最终选择文科，考上北京大学艺术学院文化产业管理专业，本科毕业后考研到中央传媒大学就读动画艺术学专业，不管道路多么曲折，她坚定不移地选择了遵从内心，正在朝着自己的梦想前进；莘县一中优秀校友种同学本科考到广西大学计算机专业，毕业保研到复旦大学，他提到，考研可能拼几个月，保研需要拼四年；朝城镇中心初中优秀校友杨同学本科就读哈尔滨工业大学机械工程专业，之后考研到清华大学……成绩更多取决于我们的参照系，很多同学本科没能如愿考上清北，清北在每个省的招生名额十分有限是一个影响因素，考研大家回到一个起跑线，很多学生研、博实现了愿望，有的甚至留校做了教授。

　　优秀学子的经历反复证明：只要坚守初心，为梦想执着追求，坚持不懈，持之以恒，终会取得成功。2022年高考作文，要求围绕本手、妙手、俗手三个围棋术语写一篇文章。围棋里有一句话："善弈者，通盘无妙手。"意思是说，真正的高手下棋，并不会刻意追求所谓的妙手，而是按照规律，一步一个脚印，向前推进，一旦抓住时机，就给予对手致命一击。所以要做长期主义者，终身学习者，不急于求成，不计较一时得失，下得一番苦功夫，练得一身惊人艺，经得一番寒彻骨，才得梅花扑鼻香。

作为教育工作者又何尝不是如此呢？教育本身是一个长期积累的过程，是"农业"，需要适时浇灌，除草，剪枝，修叶……要始终相信，只有坚持和付出，才能有收获。

日本企业家稻盛和夫说："人生的意义，就是磨练灵魂，使之更加纯粹通透，而这种磨练，可以多种方式，不管何种方式，都离不开基本的方式：坚持。"坚持本身就是一种体验，是一种修行。当我们全力以赴去做一件事情，享受过程，不问结果，成功反而不期而遇。坚持最大的价值就是坚持本身，不是看到希望才坚持，而是因为坚持看到了希望。

人的成长是一个长期过程，教育者的责任便是"帮""扶""放"。在人生漫长的路程中，一个人坚守初心，保持自律，坚持热爱，便会成就更好的自己。

让诗歌成为照亮乡村孩子的一束光

诗歌是光，在照亮别人之前，首先照亮自己；诗歌是光，可以让读诗的孩子感受爱，理解爱，付出爱；诗歌是光，为乡村孩子插上想象的翅膀，让他们发现美，成为光。

诗歌是心灵的告白，是情感的表达，也是一种美的展现。诗歌教学可以拓宽学生的思路，启发思考，训练学生的想象力、思维力，提高创新能力，让学生爱上语文，爱上学习，进而热爱自然、热爱社会、热爱生活。我们当下的教育呼唤诗意，呼唤诗性。

是　光

康瑜，"是光"诗歌公益组织创始人。2019 年《人民日报》公众号曾刊载一篇题为《90 后硬核美女学霸，山里"蹲"4 年教 5 万多孩子写诗》的文章介绍康瑜。2015 年，22 岁的她，从中国人民大学毕业，放弃保研和出国机会，扎进云南大山支教。她抱着"帮助孩子走出大山"的使命而来，现实却是学生厌学、逃课、打架、早恋，家长外出务工，老师无可奈何。一次校长问她："你知道这个小镇最后的主人是谁吗？就是这些最终留在山里的孩子。他们现在怎么样，未来的小镇就是怎么样的。"这番话触动了康瑜。一个下雨天意外地成就了康瑜的第一堂诗歌课，她发现，山里的孩子更需要表达、被倾听、被关注，而写诗无疑是最好的方式。

她开设诗歌课一年后，孩子们有了明显的变化，不逃学了，违纪少了。她总是随身带着一个"心思盒"，孩子们的烦恼，可以写成纸条塞进去，晚上她一一回复。她和学生成了交心的朋友，所带班级的成绩也突飞猛进。2017 年支教结束，她离开大山准备申请留学。教师节那天，她突然收到一大箱学生寄来的诗和信。那一刻，康瑜再一次选择回到大山，成立"是光"诗歌公益组织。

"是光"诗歌的口号是：会写诗的孩子不砸玻璃。教给乡村孩子尤其是留守儿童写诗，不是为了培养诗人，只是想告诉这些孩子，要保持对探索的热爱和对周围敏锐的感知，即使是愤怒，也可以用一首诗慢慢舒展，让乡村孩子获得平等的诗歌教育和自由的情感表达。"是光"诗歌课程以年为周期，分设"春光课""夏影课""秋日课"和"冬阳课"四期，每期课程三个课时。课时的教案、课件、诗歌读本，均由"是光"诗歌公益组织免费提供。几年里，"是光"诗歌通过课程研发和教师培训，已服务 27 个省 1400 余所乡村学校，让 13 余万名乡村儿童拥有了第一堂诗歌课。

追逐光

我第一次接触"是光"诗歌，是在 2022 年 3 月的第一届农村一般小学校长论坛上。当时我们选取了 24 个非中心小学的一般村小，它们虽然位置偏远，规模不大，容易被忽视，却寄托着整个村子的未来和希望。论坛上，樱桃园镇谷疃小学侯强校长在发言中介绍了杨占国老师带头开展诗歌教学的情况，给我留下深刻的印象。

论坛结束之后，我们走进谷疃小学调研诗歌教学，观摩了诗歌课堂，听了解"是光"诗歌课程，针对诗歌教学进行了交流研讨。谷疃小学诗歌课堂气氛轻松愉悦，学生的诗歌流淌笔端，我深切地感受到，诗歌原来可以离我们这么近。活动结束后，我给杨占国老师发信息：您的课堂让我感到意犹未尽，感谢"是光"诗歌，为乡村孩子打开了诗歌的天窗，也坚定了我们推进诗歌教学的决心和信心。杨老师向我提出"让全县更多的老师参与'是光'诗歌教学"的建议。

接触"是光"诗歌后，我们曾两次在谷疃小学举办推介活动。第一次是在 2023 年 6 月 1 日，我们现场观摩谷疃小学的诗歌艺术文化节，针对诗歌教学进行研讨交流。杨占国老师现场朗诵一首小诗，后来这首诗改编成为谷疃小学的校歌。第二次是在同年的 11 月 6 日，谷疃小学承办第四届农村小学校长论坛，山东师范大学教育学部朱忠琴教授莅临现场，对"是光"诗歌教学给予高度评价。截至目前，在谷疃小学的带动下，全县开设"是光"诗歌课程的学校有 14 所，发展"是光"诗歌教师 33人，诗歌真正成了照亮乡村孩子的一束光。

成为光

2023 年 12 月 8 日，"是光"诗歌公益组织的张哲雨老师与我联系，说央视综艺频道《追光者》栏目组想要采访一位"是光"诗歌教师，"是光"诗歌公益组织上交推荐名单后，节目组最终选择了我县柿子园镇中心小学的谢敏敏老师。12 月中旬，央视摄制组到莘县拍摄录制。

像谢老师一样的"是光"诗歌教师们默默坚守在乡村学校，成为乡村孩子心中的一道光。此次《追光者》栏目把他们推向全国，也是让她和学生们成为一束光，去照亮更多人。上海市语文特级教师黄荣华说："在功利世界中最'无用'的诗，在唤醒性灵上却最'有用'。"是啊，在教育内卷的当下，作为教育工作者，我们应当经常提醒自己，要培养活生生的人。教育要培养精英，更要培养向善向上的普通人。

教育需要诗意，无论是从发展学生想象力、创新能力和培养拔尖创新人才方面来考量，还是从激发学生积极向上的情感与培养向善向上的普通人方面来权衡，教育都应该回归诗意。当我梳理近几年工作的关注点和着力点，发现有两点与"是光"诗歌不谋而合：一是乡村教育，"是光"诗歌的发展对象必须是乡村公办学校，我们正在通过论坛交流、专家引领等方式培养乡村教育家，激活乡村教育末端；二是"诗性教育"，今年我们共读柳袁照校长的专著《学校应该是一个有诗意的地方》，正在尝试培养诗性教师，打造诗性校园，践行"诗性教育"。柳袁照校长说："'诗性教育'的目的不是培养诗人，而是让人拥有诗人情怀，拥有不雕琢、不做作的本真本色的赤子品性。"

诗歌是光，在照亮别人之前，首先照亮自己；诗歌是光，可以让读诗的孩子感受爱，理解爱，付出爱。感恩"是光"诗歌，让乡村孩子在童年与诗歌相遇，让童年回归童真和童趣，回归其本来的样子；感恩"是光"诗歌，让乡村孩子追逐光，成为光，让他们的成长有根，有爱，有未来。

给学生一个舞台，还你无限精彩

放在人生长河中，一次比赛只是一朵浪花，但孩子们的表现，让我深切地感受到，后生可畏，未来可期，新时代之青年定能成为国之脊梁，成为实现中华民族伟大复兴的中坚力量。

为提升高中学生语文学科素养，我们坚持每年组织一次高中生作文比赛，一次高中生演讲比赛。2021 年秋举办的作文比赛，命题体现了新高考的要求，经过初赛、决赛，最终 60 名同学脱颖而出，他们的作品文笔流畅、感情细腻，达到了相当高的水平。高中语文教研团队策划了一场颁奖典礼，我有幸参加，真切地感受到，给学生一个舞台，他们会还你无限精彩。

颁奖典礼上，专门设置了"优秀作品展示"环节，三位获奖作者上台朗诵自己的获奖作品，高中语文教研团队代表致颁奖词。此外，还穿插了文艺汇演，旨在展示五所高中在提升学生语文学科素养方面的成果，有鸳鸯板、诗歌朗诵、话剧表演和情景朗诵，同学们的演绎惊艳全场。

参加活动的感受，一是惊叹，现场写作文，考验平时积累和临场发挥，即便是老师也很难写好，但孩子们佳作纷呈，大大超出了我们的预期；二是惊喜，在流量快餐时代，还有一群少年坚守着文学的阵地，执着于文学的梦想；三是坚信，孩子们给了我们信心，让我们坚守语文、坚守诗和远方的同时，坚信语文教学可以实现个体学识、文风和人格涵养的提升，从而彰显民族的文化底蕴。作为观众，我想用"保持热爱，心存感动，奔赴山海"来表达学习的体会，向孩子们致敬。

热　爱

文艺汇演的节目中有一场话剧表演——根据小说《边城》改编的《等一城烟雨，渡一世情缘》。莘州中学语文组早在 11 月 2 日晚举办了一场《边城》阅读推介活动，当天的话剧、歌曲、讲座、朗诵等节目非常精彩，我因事未能参加，留下一丝遗憾。这次终于得以弥补。翠翠、爷爷、傩送、天保仿佛从书里走出一般，甚至连伙计都活灵活现，尤其翠翠在送别爷爷时撕心裂肺的哭泣，感动了全场。

罗曼·罗兰说："世界上只有一种英雄主义，就是认清了生活的真相后，依然热爱生活。"《边城》以 20 世纪 30 年代川湘交界小镇茶峒为背景，借船家少女翠翠的纯爱故事，凸显人性的善良美好与心灵的澄澈纯净，故事里没有一个坏人，只有爱。

不止《边城》，三篇获奖佳作从不同侧面也在写热爱，对亲人的热爱、对土地的热爱、对家乡的热爱、对祖国的热爱、对文学的热爱、对梦想的热爱……热爱，是年轻人应有的生活态度，即使生活再难，也要给自己鼓掌；即使生活苟且，也要心怀诗和远方。让我们去拥抱一切好与坏，大胆去追寻，勇敢去热爱，做自己想做的事，成为自己想成为的人，让自己的生命发光，温暖身边的人，照亮自己的路。

感　动

本次文艺汇演中的其他节目同样精彩：《觉醒年代》主题曲《曙

色》，歌声荡气回肠；歌曲联唱《春江花月夜》，使人沉浸画境；诗朗诵《祖国啊我亲爱的祖国》，激发爱国情感；四位青年教师情景朗诵《红色家书》，一封封浸透着硝烟和血汗的家书，一个个不惜牺牲生命的奋斗故事，展示了共产党人和先进人物的坚定信仰、炽热情怀，她们的真情表达，将整场颁奖礼推向高潮，台下的同学们为之动容，潸然泪下。

吴非老师说，在学生面前，我们没有必要掩饰自己的感情。我们教育孩子们成为人，我们自己首先必须是情感正常的人。我在课堂上也曾落泪，那些教学内容感染我，常常使我情不自禁，热泪盈眶。我不在乎学生说老师多愁善感，我在意自己教出的学生能不能成为一个情感健全的真人。

杨绛先生在《百岁感言》里说，一切快乐的享受都属于精神，这种快乐把忍受变为享受，是精神对于物质的胜利，这便是人生哲学。我们曾如此渴望命运的波澜，到最后才发现：人生最曼妙的风景，竟是内心的淡定与从容……

如果去追溯热爱的源头，我想那一定是感动，感动于亲人的关爱、家乡和祖国的养育，感动于文学和艺术给予我们的春风化雨的力量和温暖浪漫的情怀，感动使我们年轻。教育是年轻的事业，也是感动的事业，首先老师要学会感动，再去引导孩子们去关注人性中最美好的情感，只有孩子学会了感动，才真正具备追求真善美的动力，才会感受人间的大爱和真情，活出生命的绚烂，成为一个心灵美好的人。

奔　赴

这次活动结束后，我们的"小石榴读书"团队自发地将三篇获奖佳作进行整理，后续通过公众号分享给大家。学堂老师说，我们要保持作品的原貌，这是小作者在比赛中的真实表现，若干年后，当他们再看到少年时的作品，一定会有很多的感动。教育是一项关乎未来的事业，教育者，非为过往，非为当下，而为未来。

放在人生长河中，一次比赛只是一朵浪花，但孩子们的表现，让我深切地感受到，后生可畏，未来可期。谁说"00 后"是垮掉的一代，不负责任的一代？在觉醒的年代，一群青年人怀揣理想，坚守信仰，活出了青年人最好的样子；百年之后之青年，正在传承"爱国、进步、民主、科学"之精神，定能成为国之脊梁，成为实现中华民族伟大复兴的中坚力量。

何冰在《后浪》里说，那些抱怨一代不如一代的人应该看看你们，就像我一样，我看着你们，满怀感激。因为你们，这个世界会更喜欢中国，因为一个国家最好看的风景就是这个国家的年轻人。不用活成我们想象的样子，我们这一代人的想象力，不足以想象你们的未来。如果你们依然需要我们的祝福，那么，奔涌吧，后浪！我们在同一条奔涌的河流。

"还有星月可以寄望，还有宇宙浪漫不止，还有语文尚有荣光，还有少年风行纸上。"期待着年轻的你们永远保持热爱，心怀梦想，心存感动，壮丽的山海值得你们奔赴，美好的未来值得你们前往！

最后一课，不如来一场毕业典礼

　　高考是一个终点，也是一个起点，是一个结束，更是一个开始。在这个特殊的时刻，何不来一场毕业典礼，作为最后一课，把孩子们扶上马，再送一程。

　　从考试季的花式解压大法，到毕业季的洒泪离校场景，"你远走高飞，我原路返回"，一位教师为班里的每一位学生买了一双新鞋，蹲地为学生穿鞋系好鞋带，表达深深的祝福和牵挂，全体学生自发用歌声谢别教师，师生间的依依不舍，让人感动。

　　与此同时，我们也看到，有的学校书本、暖水瓶、脸盆、拖鞋满天飞，宿舍楼下杂物遍地，一片狼藉；有的学校的课桌、垃圾桶、报栏等公共设施遭到严重破坏；学生报复性狂欢、聚众斗殴，救护车、警车严阵以待，毕业季成了发泄季、闹事季。这些场景，让人心寒。

　　在朋友圈看到一篇报道《青春不散场，梦想正起航——寿光中学2022年毕业典礼温情落幕》：全体师生一起观看2022届毕业生祝福视频，高三年级主任为同学们上最后一课，共同怀念一起奋斗的一千多个日日夜夜，师生互赠礼物，相互拥抱，整个过程温暖又感人。但，吸引我关注的不是这些，而是举办的时间是在高考后的6月13日上午。这样的最后一课，一定会成为孩子一生独有的美好记忆。作为杨守苗校长的朋友，真心为他点赞！

2012年，我在莘县二中挂职副校长。莘县二中自2010年由乡镇搬迁至城区，租借县师范学校校址办学，面对办学条件和招生压力，周西政校长带领全体教职工大胆改革创新，构建"一五三"教学模式，让课堂灵动起来；实施"三大步"励志教育，让学生自信起来；推进全员育人导师制，为每一位学生提供适合的教育。一项项教育改革殊荣花落二中，让二中成为全省乃至全国改革名校，更多二中学子实现了"走进二中，享受成功"的愿望。

2012年10月，我带队到潍坊市参加省教育管理高层论坛，潍坊市广文中学校长赵桂霞的报告，给我留下深刻印象。特别是他们的毕业离校课程——中考后的毕业校会，全校师生为毕业生送行，让师生的情感得到凝聚，思想得到升华，让毕业不仅是一种离愁，更成为责任、感恩、放眼未来等人生问题的思考与探讨。我被赵校长充满感情的报告打动，暗下决心，回去也要策划一场这样的活动，让母校留在毕业学子心中，成为他们永远值得回忆的心灵家园。

回来之后，在二中的一次校委会上，我提出了这个建议。2010级380人，是迁校后的第一届毕业生，在他们高考结束后组织一次毕业典礼，一定意义深远。

我的建议得到了大家的支持。但是，在毕业典礼的举办时间问题上，大家一致反对，并且理由非常充分。第一，高中努力三年，目的就是高考取得好成绩，高考前举办可以提振士气，高考后举办对高考毫无意义；第二，高考一结束，孩子的心就不在学校了，能不能集齐很难说；第三，即使集合起来，高考后学生情绪释放，一旦出现安全问题，将不好收场。面对这三点，我无言以对，谁能保证毕业典礼一定顺利呢？

　　那段时间，我一直在思考，与分管德育的杨兴亮校长多次深入探讨，详细设计每一个细节，对每一个可能出现的安全问题做好预案，方案在不断推敲中完善着，一直到我们认为滴水不漏、无懈可击。当我们再次将方案交给周校长时，周校长大胆地决定，毕业典礼就在高考后举行。

　　2013 年 6 月 9 日中午，结束高考工作任务后，我立刻赶到二中餐厅二楼会场等候。一道红色拱形充气门"毕业门"立在餐厅门口，一条红毯一直延伸到主席台，主席台上摆满了鲜花、气球、各色丝带，音响、灯光已调试好，毕业班的任课老师们也早早地来到会场，380 名毕业生 11 点刚刚结束基本能力科考试，11：50 就全部集合完毕。

　　正午 12 时，毕业典礼开始，首先播放特意制作的短片《我们一起走过的日子》，从高一入校军训到运动会、大课间、艺术节、高考誓师大会，从早操、上课、自习、用餐到晚就寝，从读青春励语、写《成长记录》到与导师交流……画面在温暖的配乐中一帧帧地翻过。380 名同学都从中找到了自己的身影，这也是制作短片的第一原则。全场鸦雀无声，我看到很多同学都在静静地流泪，老师们眼里也含着泪花。

　　接下来是校长讲话，高三主任、教师代表、家长代表、学生代表发言，每个人的发言都饱含深情，怀念过去，展望未来。在场的每一位无不感受到二中温暖的大家庭氛围，高中三年，二中已经深深刻在了他们的记忆里，成为他们生命的一部分。不论将来走到哪里，母校永远是他们心灵停靠的港湾，二中精神将变成他们的人生箴言融入血脉，激励他们在前行的道路上愈战愈勇，创造自己的辉煌。

　　之后，周西政校长为全体毕业生颁发毕业证书，毕业生代表把校旗交到高一、高二学生代表手中——校旗的移交代表着二中的精神薪火相传。毕业典礼最后，在《再过二十年，我们来相会》《青春校园》《祝你一路顺风》等一首首乐曲中，高三学子走过毕业门，四十几位导师分立在红毯两旁，同学们纷纷与老师握手、深情相拥。很多学生热泪盈眶，抱住老师久久不肯放开。原定红毯时间为 10 分钟，实际历时 40 分钟才完成。

典礼结束已是 13：40，许多家长在会场外等候，和孩子一道与老师们握手道别。由于学生餐厅已停业，学校通过喇叭通知学生在校外吃过饭尽快返校收拾行李离校，因为时隔一天的 6 月 11 日便是中考，学校作为考场必须提前按标准清理校舍。15：00，老师们匆忙吃过午饭返校，被眼前的一幕惊呆了：整个校园角角落落干干净净，教室内外窗明几净，桌凳已经按照标准考场要求摆放整齐。

原来，全体毕业生和家长没有离开校园，饿着肚子，快速整理好自己的物品后，不约而同地投入到全校卫生大扫除中。家长们表示，老师们教育了孩子三年，他们感激不尽，想通过这样的举动回报学校。

行文至此，我还在暖暖的回忆和深深的感动之中。苏霍姆林斯基在《要相信孩子》中写道："通向儿童心灵的道路，不是一条只需要教育者及时铲除杂草（儿童的缺点）的、平坦而洁净的小道，而是一片肥沃的地，儿童的各种优秀品德像幼苗一样，将在这块土地上逐渐成长。因此，教育工作者应该成为一个精心的播种者和耕耘者，应该去扶正那些正在成长中的幼苗的脆弱的细根，去爱护每一片急需阳光的绿叶。如果我们能让儿童的各种优点像幼苗分蘖似的迅速分枝，那么，他们身上的缺点就会自然而然地被连根除掉。"

是啊，要想清除地里的野草，最好的办法就是种上庄稼。教育本身就是一场救赎，一缕阳光，可以温暖心灵，让生命之花悄然绽放；教育是一场师生共生共长的修行，作为教育者的我们，乐于去发现每一位学生的每一个变化，愿意为了他们的精神成长付出全身心的努力，其实，在用心守护每一个孩子生命成长的过程中，我们自己也将收获成长与幸福。

　　试卷不过一张纸，未来才是一幅画。人生是一场接力赛，必须一棒接一棒，一程又一程地跑下去。高考是一个终点，也是一个起点，是一个结束，更是一个开始。在这个特殊的时刻，何不来一场毕业典礼，作为最后一课，把孩子们扶上马，再送一程。

与优秀的人"在一起"

第三辑

　　只有心灵相通的人，才有共鸣看人世间的潮起潮落。只有灵魂相近的人，才能看到彼此内心深藏的美丽。

——林徽因

苏霍姆林斯基阅读的引路人

用一生去研究一位教育家，就会成为那位教育家。与他交往，言谈举止间，你会感受到他身上有很多苏霍姆林斯基的影子。

当代教育家、中国情感教育理论的奠基人和开拓者朱小蔓教授在"苏霍姆林斯基在中国"丛书总序中说："我深信，在中国基础教育界，一是本邦的陶行知先生，一是域外的苏霍姆林斯基，他们二位的著作、教育思想、教育家生涯和个人生命故事最是教师教育与教师自我教育的百科全书，最是教师成长道路上一座取之不尽、用之不竭的富矿。"

作为一名教育工作者，惭愧的是，我真正阅读苏霍姆林斯基的著作，是这三四年的事。尽管时间不长，但苏霍姆林斯基教育思想对我的影响是深刻的，读他的书，常有茅塞顿开之感。他的教育思想，放在现在丝毫不过时，他的教育故事，堪称世界上最美好教育的模样。一路走来，要感恩一场短暂又美好的遇见。2020 年，我在寿光挂职期间，有幸结识了寿光文家学区副主任郑建业老师，他是我苏霍姆林斯基阅读的引路人。

01

与郑建业老师第一次见面是在 2020 年 11 月，当时我参与了寿光市教科研中心的教学视导活动，从教研员到学校领导和老师，都给予我们热情周到的接待。我们走进文家中学，学区副主任郑建业老师和刘明举校长陪同听课，查看常规材料，观摩校园文化，由于活动安排紧凑，我们仅有短暂的交流，匆匆别过，差点错过一场美好的遇见。

在我挂职结束前一个月，我们安排了几批校长到寿光学校跟岗学习，最后一批对接的是文家街道中心小学。缘分让我们再次见面，对接见面会上，大家相互介绍后，就聊起教育，聊起读书。交谈当中，郑建业老师谈到自己坚持二十多年阅读苏霍姆林斯基的体会，言谈间透着浓浓的书卷气，给我留下深刻印象。后来我与寿光市教体局刘云龙主任谈起那次相遇，他说那可是一位了不起的苏霍姆林斯基研究专家。

怀着对郑老师的崇敬之情，在挂职结束前两周的一天，我冒着极寒天气，专门去拜访他。我们在他办公室聊了一个下午，温暖而充实。面对满当当的书橱，他一一介绍读过的书，文学、历史、哲学、语文教学、家庭教育等，均有涉猎。他的读书笔记、剪报堆积如山，每年把当年撰写的三四十万字的文稿结集，迄今已达三十余本。这些积累成果让我明白，每一个成功的人背后，都有着不为人知的付出和努力。

郑老师工作三十多年，很少参与应酬，一心一意读书搞研究，学问做得好，人品更是一流。无论是做教师、做校长，对待学生，对待年轻的同事朋友，他都尽力帮助和扶持。尤其遇到谦虚好学的年轻朋友，他更是竭尽全力，倾囊相助。这一点我深有体会，我每有问题，他都毫无保留地指导，有的问题，他自觉没有给出满意的答复，第二天还会再补充。由于彼此三观相近，又有共同的话题，我们很快成为无话不谈的"忘年交"。后来我们频繁地交流，他还邀请我到家里做客，并在他的书房合影留念。

我曾问他研究苏霍姆林斯基的缘起，他说，得益于当年李希贵局长研究一位教育名人的倡议。当时他的阅读经历了专业学习、专业阅读、专业积累几个阶段，在李希贵局长的启发下，他意识到：挖一百口浅井不如挖一口深井，于是在广泛阅读的基础上，从众多教育家中，确定了苏霍姆林斯基，开始走上专业研究之路。如今他已出版《向苏霍姆林斯基学什么》《苏霍姆林斯基教育经典案例》《探索与创新：苏霍姆林斯基家庭教育思想解读与实践》等著作，成为名副其实的苏霍姆林斯基研究专家。他说，用一生的精力去研究一位教育家，你就会成为甚至超越那位教育家。郑老师说得一点没错，与郑老师交往，你会从他的举手投足、言谈举止间，时时处处感受到苏霍姆林斯基的气息。

02

郑老师在《照亮我成长之路的精神灯塔》中记录了初读苏霍姆林斯基的感受："从教第二年（1988 年），一个偶然的机会，我与《给教师的建议》结缘。刚开始，我认为这是一本普通的教育专著，读上几页，发现书中没有明晰的知识框架，内容杂乱无序，便搁置一边。后来，我在工作中遇到了困惑，一位读过此书的老教师建议我重读此书，于是硬着头皮读了十几条，对每条的要点进行整理，才发现这是一本非常适合教师阅读的书籍，庆幸自己没有与苏霍姆林斯基失之交臂。"

这段话能否让你回忆起初读苏霍姆林斯基的感受呢？对于一线教育工作者来说，绿皮的《给教师的建议》都不陌生。我刚参加工作时，也买了那本书，初读的感受与郑老师如出一辙，开始是失望，后来是怀疑，然后就束之高阁了。我不知道那位点拨郑老师的老教师是谁，但确定的是，那位老教师在特殊的时机，给予郑老师的点拨和指导，是至关重要的。我想起《教育的情调》中的一句话：教育就是一种影响，是一种影响施加到另外一种影响上，让影响产生影响的过程。

苏霍姆林斯基是对中国基础教育界影响最大的外国教育家，市面上研究他的书不少，李镇西的《追随苏霍姆林斯基》《重读苏霍姆林斯基》，吴盘生的《追寻的脚步》，魏智渊的《苏霍姆林斯基教育学》，孙孔懿的《苏霍姆林斯基评传》《苏霍姆林斯基教育学说》，等等。当我问郑老师，哪一本可以作为苏霍姆林斯基阅读的入门书？我满以为他会推荐他的《向苏霍姆林斯基学什么》，没想到，他的答案是阅读原著。

他说，市面上所有解读苏霍姆林斯基教育思想的书都免不了带有个人的理解，唯有原著才是苏霍姆林斯基本人最为真实的思想表达。他向我推荐教育科学出版社的五卷本《苏霍姆林斯基选集》。这套书最早由乌克兰基辅苏维埃学校出版社出版，首版印刷 10 万套，后来被翻译成十几种语言出版，在世界许多国家产生深远影响。中文版的翻译团队成员都是国内一流学者和专家，当时很多人都已经六七十岁，他们不顾年迈体弱，高度负责，精益求精，历时两年才翻译出这一部经典。

记得一次在华东师范大学听金忠明教授的课，他讲到，买书是一件很赚的事。有的人说一本书三四十块钱，不当吃不当喝，实在是太贵。其实，一本书可能是作者用一年、多年甚至一生的心血写就的，三四十块钱换一位在行当里有点水平的人长时间的研究成果，不是赚大发了吗？后来，我买下了这部经典，它就成了我的枕边书、手边书。这套书不断地给困惑的我指点迷津，我渐渐发现苏霍姆林斯基已经成为照亮我成长之路的精神灯塔，真心感谢郑建业老师，我的苏霍姆林斯基阅读的引路人。

03

在郑老师的指导和感染下，我不断地从苏霍姆林斯基的教育著作中汲取着专业成长的力量，苏霍姆林斯基的许多教育观点和主张，已经成为我工作与学习的座右铭。在第四卷《帕夫雷什中学》和《和青年教师的谈话》中，苏霍姆林斯基提到一个有经验的校长，他所关注和关心的中心问题就是课堂教学，他要求自己每天听两节课，如果当天有事完成不了，第二天必须补回来，他还通过听课等活动，帮助青年教师完善教学技巧，成长为专家型教师，在他的学校里，校长、教师和学生都表现出生动活泼、朝气蓬勃的生命状态。读这一部分内容，我被帕夫雷什中学全面关注生命成长的教育感染着，被苏霍姆林斯基高超的教育领导艺术感动着。由此，关注课堂教学，帮助青年教师成长，也成为我工作的重点。

我曾经问郑老师，苏霍姆林斯基从教 35 年，其中做了 26 年校长，他的《帕夫雷什中学》和《和青年教师的谈话》总结了他的教育管理经验和思想，为什么市面上有《跟苏霍姆林斯基学当老师》《跟苏霍姆林斯基学当班主任》的书，却没有《跟苏霍姆林斯基学当校长》呢？郑老师半开玩笑地说，可能老天想把这个机会留给你吧，你可以试着写写啊。在他的鼓励和引导下，我尝试写过几篇文章，像《校长要善意待人》《办老百姓家门口的好学校》等，都受到苏霍姆林基斯基教育管理思想的影响。

朱永新教授提出教师专业发展"三专"理论，即专业阅读是站在大师的肩膀上前行，专业写作是站在自己的肩膀上攀升，专业交往是站在团队的肩膀上飞翔。郑建业老师不满足于只做阅读者，努力做研究者、践行者和推广者。担任校长期间，他倡导师生读书，倾心打造书香校园；离开校长岗位后，开始推广苏霍姆林斯基教育思想。他不断地借助平台提升自我，2019 年，他荣获中国陶行知研究会苏霍姆林斯基研究专委会"专家型领跑者"特别贡献奖，是继李镇西后第二位获奖者，成为专委会的常务理事。我后来积极参加中国陶行知研究会农村教育实验专委会组织的活动，也是在不断向郑老师看齐。

比起郑老师的勤奋和执着，在很多方面我自惭形秽。他从 2021 年就开始动员我加入新教育实验网络师范学院（简称"新网师"）的学习，惭愧的是至今我还没有加入。他在 2021 年加入新网师，在即将退休的年龄，又开始了啃读、打卡、听课和写作业的学生生活。短短一年，他从普通学员成长为榜样学员，从课程组长、课程讲师成长为学术带头人，倒逼自己成长的同时，也带动了一大批青年教师成长。他在 2022 年教师专业成长课程故事《在召回困难中淬炼成长》中写道，人从潜意识里害怕困难，躲避痛苦，挑战生活中遭遇的困难需要勇气，而召回困难，在主动应对困难中实现自我成长，则更需要勇气和胆量，2022 年，对于他来说，走过了一条召回困难、经历痛苦的淬炼成长之路，经历成长中阵痛的折磨，他重拾成长的勇气，诞生出新的成长希望。

2024 年 3 月，在参加中国陶行知研究会农村教育实验专委会组织的活动中，我与新网师的执行主任郝晓东博士见面交流时，提及与郑建业老师熟悉，他说，跟郑老师熟悉，那你一定知道新网师，因为他是新网师优秀的课程讲师。我不假思索地答道，郑老师是我苏霍姆林斯基阅读的引路人。说完这句话，我立马发觉此话也不全对。他不光是我苏霍姆林斯基阅读的引路人啊，他还是我专业阅读、专业写作和专业发展的引路人。

我想用苏霍姆林斯基的一段话结束此文，借此表达对郑建业老师崇高的敬意，也以此激励自己坚持学习，不断进取："我们教师用知识哺育自己，不仅是为了让我们的学生从集人类斗争和智慧之大成的书籍中读到火热的词句时，能够理解它们不朽的思想，更是为了让我们教师本人成为学生取之不竭的知识源泉，成为学生走向满足认识、发现和学海览胜这种高尚渴望的溪流。只有当这股溪流永不干涸时，才有可能用知识进行教育。请记住乌克兰的伟大作家、哲学家和教育家伊万·弗兰科的话，'现代教师永远应当是学生。'我们最应关心的是使向我们提供养料的知识之泉不致枯竭。"

让学生站在学校中央

学校的使命是为学生的成长提供机会，挖掘每个学生的潜能，面向未来，为学生打造成长乐土。

"让学生站在学校中央"，是寿光圣城小学的办学理念，其校长韩高波是集省特级教师、省教学能手、齐鲁名校长、潍坊名师各种光环于一身的教育名人。与优秀的人在一起，你也会变得优秀。所以，我期待能有机会向他学习。

2020 年 8 月，我到寿光挂职前的半个月，寿光市教体局一行十人来莘县对接教育东西协作事宜，随行中就有韩高波校长，我们第一次见面便聊得很投机，互留了电话和微信，并相约在寿光再见面。9 月初，刚到寿光的第二周，便接到韩校长电话，他得知我已在寿光，邀我去学校考察。于是，我近距离接触到了韩高波校长，接触到了圣城小学。

寿光圣城小学早在 2018 年就确定了"让学生站在学校中央"的办学理念，实施"学本课堂、全息课程、圣贤教育"的顶层设计，多次在全国课改研讨会上发声，承办全国、省市课改现场会，学生在课堂上自主合作研究的能力得到了各级领导的高度评价，在省内外产生了广泛影响。

圣城小学校园面积有限，韩校长便把校内公园的大树下、小湖边、草地上，都打造成了课堂，孩子们可以充分感受大自然的草木生长。从校门、圣贤广场、三圣文化墙、崇圣向党雕塑和五大主题文化墙，到教学楼内 56 个班 56 个民族主题班级文化等，都是精心设计的，目的是让所有的师生在学校文化的熏陶中健康快乐成长。

韩校长认为，学校的使命是为学生的成长提供机会，学校必须为学生的成长提供各种舞台，让学生始终站在学校的中央，学校的舞台是学生成长的起点。这一理念在圣城小学得到充分体现，学校始终把学生放在最重要的位置，让学生时时觉得自己是校园的主人。学校门口墙壁上的"寿光市圣城小学"，由当时六年级的学生刘承志书写；学校的校训"每天做更好的自己"，由当时五年级的学生刘奕萱书写；校园文化中的二十四节气、新二十四孝、国史党史等，也全部由孩子们完成……一切的校园文化都是出自学生之手，真正体现了"让学生站在学校中央""让孩子成为学校的主人"的办学理念。

圣城小学的"学本课堂"项目开展得有声有色，硕果累累。"学本课堂"是以学习者（学生、教师和参与者）学习为中心的课堂，这里的学习者不是单指学生，而是包括学生、教师和参与者。所采取的小组合作团队学习，改变了教与学的方式，真正体现了学生学习的主体性，学生的自信心、学习兴趣明显增强，综合素质显著提升。

在圣城小学学习期间，韩校长安排了两节"学本课堂"听课，五年级数学和一年级语文。课堂上，学生们独学、对学、合作、展示，收获自信，实现了自我学习、自我管理、自我评价和自我发展。"学本课堂"传递出这样的教育理念：老师与学生同属于学习的主体，老师和学生是大小同学关系，教师是平等中的首席，教师应该成为学生学习激情的点燃者，课堂应该成为师生共同成长的舞台。

韩高波校长总能站在孩子的视角，以尊重、宽容和最真挚的情感，走进孩子的心灵，在孩子的成长历程中策划、参与着一个个感人的故事。他认为学校不应该是校长或者几个管理者的学校，学校是教师和学生的，学校的事情理应师生说了算，问题从师生中来，办法从师生中来，决定权也让给师生。校园文化、校园艺术节、升旗仪式，所开设的全息课程、行课程、德课程、学课程，都让学生担当"主角"，真正落实了"让学生站在学校中央"的核心办学理念。

韩高波校长的专著《教师团队的追梦之旅》，是他圣城五年工作的实录，饱含着他对教育的热爱和思考。《不做糊涂的先生》《回归教育常识办学校》等很多文章发表在《中国教育报》这样的权威报刊上。读他的文字，可以感受到他赤诚的教育情怀和朴素的教育智慧，感受到一位校长对学生纯粹的、真挚的爱。

理想的教育应该是有温度、有色彩、有故事的。韩校长始终把自己置身于师生的背后，做一个默默无闻的陪伴者和服务者，从治校理念的引领、校园文化的设计到课堂教学的变革，都把"人"作为出发点和落脚点。对待学生，对待老师，对待家长，对待同事，他都站在对方的角度思考问题，用对方接受的方式沟通交流，获得了大家的理解和认同。真正的智慧是润物无声的，他待人的善意，把"人"摆在中央的思想，在行动中和细微处体现得淋漓尽致。

因为两地对口帮扶的契机，我有了挂职学习的机会，其间，得到了寿光市教体局领导、校长和老师们的关心支持，与他们结下了深厚的友谊，这种深情厚谊和挂职学习互为因果，相得益彰。挂职结束，我请县内优秀的书法教师书写"莘情厚谊，问道寿光"，装裱成小牌匾，送给寿光教育界的领导和校长们。其中，第一个回访赠送的就是韩高波校长。他谦虚的品质、坦率的性格、丰厚的学识和赤诚的情怀，曾为我照亮一段夜路，将永远是我努力学习的榜样。

教育的最好方式是讲故事

教育的最好方式其实是讲故事，教育本身太过严苛，但当它穿上故事的"外衣"，教育目的被隐藏起来，孩子感受不到它的存在时，教育便悄然发生。

一所美好的学校一定是一所有故事的学校。上海小学校长毛坚琼说："故事是一种教育、一种历史、一种文化，校园里的故事越多，学生受教育的机会也就越多。"提到校园的故事，我不禁想起寿光市圣城中学，想起这所学校已故的好校长齐永胜。齐校长是齐鲁名校长，他谦逊低调、勤勉务实，善于思考和写作，认识他的人无不被他的人格魅力折服。他打造的故事校园，朽木化作神奇，处处皆是风景。

细数来，我与齐校长真正的会面其实只有三次。传统文化里三为多，这样我们也算是多次谋面的老友了。每次见面时间虽不长，但都聊得兴致盎然，意犹未尽。第一次拜访他是在 2020 年寿光挂职的最后一个月里，他在夜色里带我们看校园，讲文化。他个头不高，热情洋溢，谦和朴素，富有智慧，给我留下深刻的印象。2021 年 1 月 6 日，我去学校看望他，短暂交流后，齐校长因为工作安排需要离开，临别他送我很远，还说正在赶写湖南教育考察报告。没过几天，他把万余字的《它山之石，可以攻玉——赴长沙市岳麓区教育考察报告》发给我，考察报告观察之细致和思考之深刻，让人叹服。第三次见面，是在 1 月 18 日，我到几所代表学校赠送"莘情厚谊，问道寿光"牌匾，再次走进圣城中学。在齐校长办公室我们在一幅"细节决定成败"书法作品前合影留念，临别时他送我几本书，我们都是爱书之人，在他看来，这是最贵重的礼物。匆匆别过，不想竟是诀别。2023 年 7 月 24 日，得知齐校长前一晚在办公室去世的消息，我感到震惊、惋惜和痛心。"以身许校"是齐校长的真实写照，他为教育事业奉献半生，最后累倒在办公室，用生命诠释了"鞠躬尽瘁，死而后已"的高尚情操。

齐校长说："学校不仅是孩子们学习知识的地方，也是给孩子们留下童年记忆的地方，更是孩子们梦想起航的地方。"齐校长的办学理念提醒我们，学校教育不仅要教会学生学习知识、掌握知识、运用知识解决问题，更要使师生在交往中相遇"和煦的暖阳"与"心灵的碰撞"，让校园成为师生共同开拓精神世界、提高生命质量的精神家园。所以，校园因人而变得生动和精彩，人因那些有趣的、难忘的、令人感动的故事而收获心灵的成长。当一个人走出校园后若干年，还能在内心深处不由得生发出对母校深深的眷恋与怀念，这所学校便成为一所有故事的学校。

在他看来，学校的一草一木皆是文化，一砖一瓦皆可育人。一座面积不大的校园，经过齐校长的巧妙设计，形成了"五廊两园一室一广场一书院"十大校园文化景观和"三圣教育 3＋1"课程体系，由内而外散发出浓浓的文化气息。

"一棵雪松树的故事"，枯死的松树被设计成圆桌和长凳，继续服务师生成长；"三圣广场的故事"，杂草丛生的鱼塘建成三圣文化丰碑，引领师生仰圣力行；"大小白杨的故事"，幼儿园门口两棵白杨树，像忠诚的卫兵守护着校园；"圣思园的故事"，一方池塘填平，摆放石磨、渔船、推车等老物件，提醒师生饮水思源，珍惜当下；"怡静园的故事"，校园一隅的卫生死角改造成花木繁茂、芳草萋萋的花园，师生徜徉流连其间，放飞心情，拥抱自然……齐校长让校园的每个角落都"生长"出了育人故事。一系列的校园记忆故事，被做成小木牌，讲述着校园面貌的变化和学校内涵底蕴的提升。

如何办一所有故事的学校呢？齐校长的做法为我们做了很好的注解，作为校长，要善于挖掘校园已有资源，融合当地特色文化，在梳理中续写校园故事，凝聚团结向上的人心力量；要尊重每一个人，善于发现日常的瞬间，抓取平凡的故事，让个人因故事发光，让故事助力更多人成长；还要善于反思和表达，让故事在交流分享中升华，用故事浸润校园，用故事传承文化。作为校长，应当以"办一所有故事的学校"为追求，当好学校故事的播种者、讲述者和传承者，让学生的童年和青春在这里安放，让学生的梦想和希望从这里出发。

2023 年暑假，我再到寿光，清晨散步到圣城中学，找齐了六个校园故事，还发现了第七个校园故事：圣学园的故事。找齐了所有的校园故事，却再也找不到校园故事背后的那位好校长，我在党员先锋长廊齐校长的照片前久久驻足，往日种种涌上心头，不觉已泪流满面……

教育的最好方式其实是讲故事，教育本身太过严苛，但当它穿上故事的"外衣"，教育目的被隐藏起来，孩子感受不到它的存在时，教育便悄然发生。

把问题当课题，变难点为亮点

面对系列问题，能否把它们当作课题去研究，最终突破难点、痛点和堵点，做出亮点，需要一种大胆改革创新、勇于实践探索的魄力和毅力。

苏霍姆林斯基说过："校长对学校的领导首先是教育思想的领导，其次才是行政的领导。"一个好校长，就是要热爱教育事业，心怀教育理想，饱含教育思想，具有教育智慧，用自己的教育思想引领学校的发展，促进孩子的生命成长。潍坊市坊子区实验小学校长刘剑锋就是这样的好校长，他所实施的"对分课堂""种子课程""雁阵计划""透明课堂"，有力推动了学校高质量发展。

2022 年 6 月，我们开始试点推进"对分课堂"教学改革，取得了明显的效果。谈起与"对分课堂"的缘分，要从两年前线上学习潍坊市坊子区实验小学"透明课堂"说起。寿光挂职结束回来，我一直苦苦求索如何将潍坊教育的先进经验在莘县落地。尤其在课堂教学改革方面，我们坚持一切从实际出发，在多个项目中最终确定"对分课堂"，当时坊子区实验小学是全国中小学"对分课堂"改革的"领头雁"，刘剑锋校长则是这一项改革的旗手和先锋。

第一次与刘校长电话联系，给我的感受是，他关注课堂，理解教学，有思想，有思路；敢于直面教育问题，以课题研究破解问题，有魄力，有智慧；热爱教育事业，尊重教育规律，有情怀，有大爱。他建议从观摩"透明课堂"开始，并答应我如有需要可随时带领团队前来交流。6月20日，我县四所农村小学在线学习"透明课堂"。7月30日，我们邀请刘校长来莘县徐庄镇学区现场指导，我全程参加了活动，一天学习交流下来，我对刘剑锋校长和他的教育教学改革有了新的认识。通过交谈发现，我与刘剑锋校长性格相仿，相见恨晚，我感到一种久违的亲切，一种老友重逢般的兴奋和激动。

2015年，刘剑锋调任坊子区实验小学校长，从那一年开始，学校每年六一都为学生发放植物种子，一粒粒种子在孩子们的呵护下，生根发芽、开花结果，孩子们从中体会到生命的力量，老师们从中发现了课程之美。每年主题不同，如2015年是"向日葵生长季"、2016年是"宝葫芦大世界"、2017年是"太空芝麻开门"、2018年是"火星农场计划"、2019年是"自选种子种植"、2020年是"中药种子"……2018年，坊子区实验小学的"种子课程"荣获四年一度的山东省基础教育教学成果奖。

坊子区实验小学没有满足于自己的发展，为使农村薄弱学校转变落后现状，2017年开始，坊子区实验小学对区内部分薄弱学校进行帮扶，发挥"头雁"作用，以"种子课程"为"种子"，推进师资、课程和课堂资源共享，实现了团队学校教育质量的提升。2019年，坊子区实验小学省级课题《基于"雁阵效应"下的乡村小规模学校发展策略研究》立项；2022年，坊子区实验小学"雁阵计划"项目再度夺得山东省基础教育教学成果奖。

在"雁阵计划"研究中，刘剑锋团队发现，改变乡村薄弱学校重点还在课堂，团队经过多轮次的研讨，最终选择了"对分课堂"。2020年7月30日，启动"对分课堂"；8月1日，全校全员研修；9月开学后，开始用"对分课堂"上课；其间，多次邀请复旦大学张学新教授到校指导；就如何引领教师真正上"对分课堂"，刘剑锋校长想到了让家常课"透明化"，2022年2月，在精品课堂基础上，启动"透明课堂"，全年全网免费直播，以惠及更多的孩子和家长。谈到2026年的省教育教学成果奖，刘校长对通过"透明课堂"推进"对分课堂"这个课题信心十足。

"种子课程""雁阵计划""透明课堂"成为坊子区实验小学的三大法宝，其中，"种子课程"是主线，"雁阵计划"是载体，"透明课堂"是核心。坊子区实验小学从一粒种子出发，衍生出真实种子种植的超学科课程、虚拟种子库建设的适性课程、学科种子为载体的学科课程。"种子课程"也是一颗种子，引发出三大法宝，撬动和支撑着学校的变革和发展。

最近几年，我有幸接触到很多潍坊校长，他们身上有很多的共性，好像照一个模子雕刻过一样。其中一个重要的品质就是敬业、乐业、专业。随着对刘剑锋校长和"对分课堂"认识的一步步深入，我越来越深切地感受到，面对系列问题，能否把它们当作课题去研究，最终突破难点、痛点和堵点，做出亮点，需要一种大胆改革创新、勇于实践探索的魄力和毅力。

法国作家圣埃克苏佩里在《小王子》中说："如果你想造一艘船，先不要雇人收集木头，也不要给人分配任务，而是激发他们对海洋的渴望。"在一次"对分课堂"研讨交流中，我提了一个问题：刘校长为什么要用"透明课堂"来推进"对分课堂"？大家答案不一，在我看来，原因应该是，让课堂"透明"既是一种展示，也是一种自我要求的提升，这种方式会倒逼教师精心打磨课堂，展示最好的自己。当然这需要很大的勇气和底气，也就是校长的课堂领导力。

中国教育学会原副会长、潍坊市教育局原局长李希贵说："教师积极性不高，干部执行力不强不是教师的问题，也不是干部的问题，一大半是校长的问题，再往上推可能还有机制和体制的问题。"教育部课程教材研究所所长、潍坊市教育局原局长张国华说："与其坐等红头文件，不如认准了先干起来再说，说不定就干成红头文件了！"

作为校长，要清醒地认识到：教育改革创新来不得花样翻新，要不得空喊口号，容不得折腾内耗；要有问题意识，要广泛调研，去发现实际工作中存在的问题；要有研究意识，把问题当课题，解放思想，实事求是，用研究思维认识问题，分析问题，找到解决问题的思路；要有学习意识，要善于借鉴已有经验，吸取已有教训，向先进学校学习，坚持在学习中淬炼，在实践中提升；要有总结意识，及时梳理总结阶段性成果，及时分析解决阶段工作中的小问题；还要有系统意识，久久为功，持之以恒，把改革创新之举坚持做下去，打造学校特色品牌，积淀成一种学校文化。

空谈问题，永远不能解决问题，论说难点，永远不能消除难点。坐而论，何如起而行？希望我们的校长能够从刘剑锋校长和他的教育教学改革中汲取智慧和力量，也能够以课题破解问题，把难点做成亮点。

让专家当校长，让校长成专家

　　关于如何发现并推出一批乐学习、善管理、理念先进、业绩突出的优秀教学骨干，让教育家型教师走上校长岗位，如何通过制度建设、挂职研训、交流合作等形式，培养一批治校育人优秀校长，让更多的校长成为"未来教育家"，寿光教育为我们提供了全方位的借鉴和参考。

　　一个好校长就是一所好学校。在寿光挂职学习期间，我有幸接触了很多校长，几乎每一位校长都给我留下很深的印象，热爱教育是他们的共同特点，"专家当校长，校长成专家"的理念在他们的工作中展现得淋漓尽致。从他们身上，我学到的不仅是教育教学管理的经验，还有为人处世、做教育的情怀和格局。

　　侯镇新星小学靖树德校长，他的微信名叫"立德树人"，由初中副校长调任小学校长。新星小学是一所二百人的偏远农村小学，每次见到他，他总是满脸发自内心幸福的笑容。他从不抱怨，踏踏实实，兢兢业业，坚守在农村一线。介绍起渗透着他心血的一些"土"经验，他自信满满。他带我们看学生展示他自编的课间操，看李琴老师的循环日记和班级集体经典诵读，看学生劳动实践基地精心培育的菜，让我感到做一位农村小学校长是多么幸福。后来，我们县六所乡镇联校三十多位农村小学校长到侯镇学习，我第一站就带他们去了新星小学。靖校长介绍我说："高光局长是我很好的朋友，他跟随教科研中心来学校教学视导时，我们认识并结下了深厚的友谊。"我听了非常感动。

孙集街道胡营小学李小强校长，对传统文化情有独钟，把"激活经典、涵养生命，创办师生共同成长的精神家园"作为学校发展愿景，旗帜鲜明地提出以《弟子规》为核心的中华优秀传统文化教育，经过几年发展、总结，提炼出了"上德教育"品牌，构建了"一体双翼三结合"的大语文阅读体系，在地地道道的农村小学开展得有声有色。李校长在教学视导汇报的结尾提出了值得深思的问题：怎样让老师们静下心来教学、潜下心来教书？他呼吁上级主管部门，调整工作重心，重视教学工作。李校长的直率、坦诚，值得我们学习。

2020年11月上旬，我参加寿光教科研中心初中教学视导时，被化龙中学隔壁中心小学门口一块大石头上刻的"又学习，又玩耍"六个大字吸引。视导间隙，我走进中心小学校园，与正在校园巡视的王新勇校长相遇，王校长客气地打招呼，热情地请我们入校参观，带我们看楼道文化，介绍办学特色，参观完又邀我们合影留念。互加微信好友后，得知他是一位喜欢写作的校长，看到校园里的点滴变化，孩子的成长，甚至草木的枯荣，他都有感而发，这是一位有思想、有情怀的好校长。

寿光一中魏华中校长，曾任教研室主任，系正高级教师，省特级教师、省教学能手、语文高考命题专家，主持多项省级课题，在《中学语文教学》《语文教学通讯》《语文学习》等重量级报刊上发表论文几十篇，主编参编《古汉语常用词词典》等书籍。这是一位名副其实的书生校长，平时有时间就读书，几乎不参加应酬，与人在一起也言谈不多，第一次见面会让你有距离感。挂职期间，我去寿光一中的次数最多，但我们交流并不多。挂职结束的前一天，我专程找他道别，在办公室寒暄了几句，那一次我们聊了很多，也很开心，结束后，他送我很远。

文家学区张乐光校长，一位有教研室主任、市直小学校长、市直初中校长经历，荣获潍坊市首届教学能手，至今仍在一线教初中数学并且成绩优异的学区主任，他对阅读非常重视，身体力行，勤读不辍，还常给全体教师推荐阅读书目，定期召开读书交流会，他的教育专著《潜心做教师，精心做教育》由天津教育出版社出版，从课堂教学到学校管理，从文化建设到阅读工程，思考深邃，文笔流畅，看得出他的潜心、精心和用心。在他的倡导带动下，学区干部教师读书学习的风气浓了，爱钻研、爱思考、爱写作的多了，发表文章的也多了。

寿光二中董建水校长原是现代中学业务校长，是2008年莘县实验高中吕丁学校长跟岗学习的导师；渤海实验学校付成波校长原任寿光一中业务校长，是2008年莘县一中岳纪平校长跟岗学习的导师。聊起跟岗学习的往事，他们都还历历在目。得益于他们的友谊，两位校长对我也格外关照。还有很多学校管理者，他们身上都有值得我学习的闪光点，羊口学区的李红业、侯镇学区的张英博、圣城街道学区的张华国、稻田镇学区的邱胜、实验小学的温建生、现代明德学校的王永亮、建桥学校的李东旭、侯镇中心小学的赵林、文家中心小学的贾凌昕、文家逢源小学的伦恒文、羊口中心小学的张金光、稻田田马中学的李华……

2018年12月6日《中国教育报》以《优秀"学校当家人"这样炼成》为题推介寿光市校长培养经验："始终把校长队伍建设放在实现教育优质均衡发展的突出地位来谋划，聚焦校长治校理念相对滞后、学校办学特色不鲜明等薄弱点，引导校长走专业化发展道路，建立起市、镇、校三级联动的校长培养机制，建成了层次合理的校长梯队""理论加实践让校长治校更有灵气""区域抱团让校长育人更接地气""职级改革让校长办学更有底气""正是因为有了一群这样的'学校当家人'，才有了让教师舒心、学生安心、家长放心的寿光教育"。挂职期间，结识到的每一位校长都给我留下了很深的印象，他们都真心热爱教育事业，全身心投入到教育工作中去，心甘情愿为之付出，不为外界的名利和社会的浮躁所干扰。我经常思考，寿光怎么这么多优秀的教育人走到了校长的岗位上，在与他们不断交流中我似乎找到了原因。

校长后备干部库，保证源头活水。"问渠那得清如许，为有源头活水来。"寿光市教体局每两年组织一次校长后备人才选拔，我挂职的2020年，正赶上第六批选拔，通过个人申报、单位推荐和资格审查，重点选拔35周岁以下的优秀教育干部，按照综合笔试与面试成绩最终确定约20人，笔试和面试答辩均委托第三方专业机构执行，确保选拔的公平公正。之后，市教体局会安排后备干部到局机关科室和优质学校挂职、与名校长结对，以及组织高端研修、业绩展示交流、教育专家指导等，提升他们的专业素养和管理水平。同时加强后备人才的使用，新任校长必须从校长后备人才库中遴选产生。

校长职级制，增强自主办学底气。寿光市从2014年起推行校长职级制改革，取消校长的行政级别，推进管、办、评分离的现代学校制度建设，让校长把全部精力聚焦在办学上，促进校长专业化成长和学校特色发展。一门心思抓教学和管理成为校长工作常态，据了解，每位校长年平均听课120节以上。在管、办、评分离的现代学校制度引领下，寿光市所有学校全部构建起了以学校章程为依据，办学理事会、校务委员会、教职工代表大会和家长委员会民主参与的学校内部治理结构，为学校改革发展、依法治校提供了基本依据和保障。

挂职研训，提升治校育人能力。寿光市教体局每年组织农村小学校长到城区学校挂职交流。通过挂职，农村薄弱学校校长深刻认识到差距，回校后第一件事就是带领教师转变教育教学理念，课堂教学上改变传统模式，尊重每一个学生，挖掘学生的潜能，助推学生实现全面个性化成长。此外，寿光市教体局每年组织校长到深圳、广州、苏州、上海、长沙等地先进学校开展教育研学，暑假期间组织校长封闭培训。寿光市中小学现已形成"校校有特色、一校一品牌"的良好局面。如侯镇中心小学"和美"民乐课程开展得有声有色，一所乡村小学的民乐队多次登上省市大舞台；圣城中学的"三圣教育、红色领航"将党建与教学融为一体，外地考察学习者络绎不绝。

校长论坛，分享管理智慧。寿光市教体局坚持每年组织一届校长论坛，采取现场观摩与集中交流相结合的方式，让校长互相把脉。论坛上学校代表展示课堂改革、课程建设、校园文化、教学管理等方面的成果，展示完毕，校长们分组交流，就论坛主题和对观摩学校的认识，结合自己的工作实际逐一发言。论坛结束后交流材料汇编成册，供学习借鉴。寿光还积极创办校长线上交流平台，在寿光电视台教育频道、《寿光日报》开办校长"开讲啦"栏目，在教育局微信公众号开设"校长智慧"栏目，定期推送校长治校理念和育人智慧。

办好教育，关键在校长。关于如何发现并推出一批乐学习、善管理、理念先进、业绩突出的优秀教学骨干，让教育家型教师走上校长岗位，如何通过制度建设、挂职研训、交流合作等形式，培养一批治校育人优秀校长，让更多的校长成为"未来教育家"，寿光教育给我们提供了全方位的借鉴和参考。

与优秀的人"在一起"

汤勇局长一直以来潜心于教育的思考、研究和写作，以行者的步伐与姿态，为乡村教育奔走、呼吁与呐喊。我暗下决心，要以他为榜样，学习他炽热的情怀、高远的追求和执着的精神。

李镇西老师曾说，人与人之间交往的最高境界是互相欣赏，欣赏别人，是一种境界，也是提升自己的最好方式。对此，我深信不疑。我曾多次在教师培训报告中讲到一个观点："与优秀的人在一起，你也会变得优秀。"还专门列举了我与几位教育专家的交往来证实，其中一位就是中国教育学会农村教育分会副理事长、中国陶行知研究会农村教育实验专委会理事长、四川阆中市原教育局局长汤勇先生。

01

认识汤勇局长，当然是通过他的文字。实话实说，我读他的文章是比较晚的，但相见恨晚，读到他的文字，就心生慕名拜访的冲动。

2019 年，网络上一篇文章《学校里最可怕的事，就是一群不读书的教师在拼命地教人读书》风靡教育圈。后来我读了汤勇局长的几本专著，方知此文是 2017 年出版的《致教育》中的一篇，原标题是《当下教师读书的现状》。真心感谢读者朋友们用此文的文眼偷换了题目，吸引了我。原文是这样写的："在学校里最可怕的是一群不读书、缺乏智慧的教师在辛勤甚至忘命地工作着，因为这样的教师会辛辛苦苦地把本来聪明的学生教得不会学习。"

后来我顺藤摸瓜，又读到他的其他文章。其中《不读书，我真的走不到今天》，给我留下深刻印象。汤勇局长举了四个例子，回顾自己的读书经历，以及读书给自己带来的改变：刚参加工作时，因为长期伏案读书写作，寝室水泥地面磨出两个大脚印；因为读书专注，耽误过航班；外地出差，如果找不到他，一定是在书店；任局长期间，很少参加应酬接待，省下时间读书。读书让他走出大山，从乡村教师走上领导岗位，读书还让他多了些书生气息和教育情怀。

文章又进一步指出：不读书，一方教育不可能走到现在。他讲到在阆中市教育局担任局长期间，用自己的实际行动示范带动校长读书，每学期开学，校长们都会收到推荐书目和教育局的赠书；要求教师工资再低也要买书，工作再忙也要读书，交情再浅也要送书，屋子再小也要藏书，教师要成为一本永远站立的厚重的大书。十二年的局长任上，他通过抓书香校园建设和全员读书活动，改变了阆中的教育生态，推进了阆中教育的发展。

读罢此文，我备受感动，也备受鼓舞。当时我正在学校工作，常与老师们交流，很多老师反映没时间读书，不知道读什么书，不知道如何读书，尤其是正处在成长阶段的年轻教师，闲暇时间逛商场、追韩剧、玩手机，远离阅读。不读书的老师怎么教会孩子读书，不写作的老师怎么教会孩子写作？这样的现象，我看在眼里，急在心里。

为了带动老师们阅读、写作和反思，"小石榴读书"公众号应运而生，当时刊登出的每一篇文章后面，我都要写上几段对文章的理解和对老师鼓励的文字；为了让公众号版面尽量好看，我自学了一些微信公众平台的编辑技巧。与此同时，我还策划了教师读书会，汇集全县教育界的爱书人，分享一本书或者一段人生经历，去影响更多人爱上读书，传递正能量。

不知不觉间，"小石榴读书"已经走过了五年，带动一大批教师和学生走上了阅读与写作之路，赢得广大师生的一致认可，并获得领导的表扬。回首"小石榴读书"一路走来的过往，必须要感谢汤勇局长文章的鼓励和引领。

02

2019 年，我开始关注汤勇局长的公众号"汤勇晓语"，他每发一篇文章，我都认真拜读。2021 年初，我通过"光明社教育家"公众号的一则新闻加入他们的读者交流群。在交流群里，我看到汤勇局长分享交流他自己的文章，按捺不住的激动，让我直接加了好友。他瞬间通过，并且秒回复："有缘相识，非常荣幸。"接着，我把"小石榴读书"公众号和我的一些文章一并发给他，请他指导。

2021 年 4 月，我收到了汤勇局长签名新书《修炼校长力》，对于我来说，这是一份意外的惊喜。这本书，2009 年第一版发行，2020 年再版。一位校长朋友曾告诉我，2009 年他从局机关调到学校任校长，专门买来这本书，汤勇局长的教育情怀和教育智慧影响和改变了他，他按照书中提出的九大校长力去修炼，后来成长为水城名校长。

2021 年 11 月，汤勇局长又寄来一本新书《教育是最美好的修行》，书的扉页上写着"让教育因阅读而美好"的赠言和签名。在自序中他写道："从事区域教育管理十多年，全身心投入教育，用心用情用良知做教育。教育，成了我生命的全部，我整个生命似乎全部融入了教育，我也把生命中最好的年华给了教育。教育有毒，我愿这样一直中下去，直到岁月远去，慢慢变老。"无论是从事区域教育管理的12年，还是退下来的日子，他是这么说的，也是这么做的。

2022年3月，他的新作《为未来而教而学》出版，他在后记中写道："十多年来，我都坚持这样的一个目标，一年推出一本书。我感动于我的执着与坚持，感动于我的咬定青山不放松的韧劲，这么多年一路走来，硬是兑现了我的目标。在今年，一年一本书的目标已有突破，一年竟收获了两部作品。"一位地方教育局局长，在繁杂的工作之余能够静下心来阅读、推进阅读已经难能可贵了，还能身体力行地坚持写作，一年出一本书，这其中是一种什么样的力量在牵引着他？我想，首先是对教育的热爱，其次是对一方百姓的责任和担当。

曾经有一位朋友邀请我加入一个线上读书交流群，群内要求每周写一篇千字文，如果写不出来就主动在群里发20元红包。一周1千字，一年就是5万字，四五年就可以出一本书，我再三考虑，还是没敢加入。相比于一年二十几万字、一周五六千字的汤勇局长，真是自惭形秽。他写作的速度虽快，但丝毫不影响书的质量。

无论是任局长期间出版的《心灵盛宴》《每天给心灵放个假》《做一个卓越而幸福的教育者》《做朴素的教育》《回归教育常识》《我的教育心旅》《修炼校长力》等十多部青少年读物和教育专著，还是2017年卸任后出版的《致教育》《教育可以更美好》《教育的第三只眼》《教育是美好的修行》《为未来而教而学》，都深受读者喜爱，一版再版，非常畅销。其中十本入选《中国教育报》"教师喜爱的100本书"和中国教育新闻网"影响教师的100本书"，他本人也被评为中国教师报2014年度"十大最具思想力和行动力局长"和中国教育报2015年度"推动读书十大人物"，朱永新老师评价他，"局长仍是一书生"。

03

2022 年 4 月，我写了一篇文章《学校要留一分"土气"》，在"小石榴读书"公众号发表之后，"名校长工作室""校长派"等公众号相继转发，12 月 14 日的《中国教师报》"教育家周刊"刊发，文章受到了一些教育界同仁点赞。其实，这篇文章是受了汤勇局长文章的启发。

他在《教育应多些"土"的味道和气息》一文中写道："教育就是要土，土得就像现在人们喜欢土食材一样，这是一种朴素，一种本原，一种本真，一种顺其自然。"他用受现代人追捧的土鸡蛋、土猪肉等"土"食材比喻教育，提出教育要回归朴素、回归本真、回归自然。读罢此文，我在书的页眉处写了一句话"学校要留一分'土气'"，后来成了文章的题目。

读汤勇局长的文字，不难发现他最关注的领域就是乡村教育。我想这就是他的情怀所在和责任使然。2006 年起担任阆中市教育局局长，十多年间，他坚持"朴素而幸福的教育"理念，"呵护每一个孩子，擦亮每一个日子"，阆中乡村教育焕发出勃勃生机。2013 年，阆中教育以其朴素的本色、恒久的探索入选"中国 2013 美丽乡村教育"；2016 年，中国陶行知研究会"阆中朴素而幸福的乡村教育"全国现场推介会召开，2016 年 2 月 3 日《中国教师报》头版整版以"阆中：办朴素而幸福的乡村教育"为题报道阆中。

2017 年，卸任局长的他投身于中陶会农村教育实验专委会工作，每年走访全国几百所农村学校，继续为乡村教育振兴奔走疾呼。由此我想到陶行知先生，1917 年陶先生自美国哥伦比亚大学毕业回国，毅然放弃大学教职，选择到农村去，立下"培养 100 万合格乡村教师，改造一百万个乡村"的宏愿，创立晓庄师范，推行平民教育，以一己之力，推进了一个落后贫穷国家的教育改革，被毛泽东主席誉为"伟大的人民教育家"，被宋庆龄先生赞誉"万世师表"。

振兴乡村教育，理应是中陶会的主攻方向，对于汤勇局长领衔的农村教育实验专委会更是责无旁贷。受汤勇局长的影响，我们也尤其注意在乡村教育上下功夫，积极搭建平台，培树典型，致力于培养乡村教育家，激活乡村教育末端。从 2022 年开始，我们成立乡村小规模学校发展联盟，第一批选取 24 个非中心小学的一般村小，通过组织校长论坛、阅读分享、观摩交流、专家指导等形式助推学校发展。

全县教学改革也多选择农村学校作为试点。2021 年 4 月，经过一段时间的培育打造，全县小学全科阅读现场推介会在张寨镇实验小学召开，全科阅读真正在农村学校生根发芽，全面铺开；2022 年暑假，在徐庄镇学区推进"对分课堂"教学改革和 3060 德育管理改革，广大师生和家长从中受益，乡村教育生态得到改善；我们还召开现场会推介张寨镇中心小学"一校一品"艺体校园建设、樱桃园镇谷疃小学童诗教育、劳动课程、艺术社团等特色办学经验，正努力创办一批"小而优、小而美"乡村小学，办老百姓家门口的好学校。

04

2022 年 6 月 21 日，按照原定计划我要随领导赴重庆市彭水县看望支教教师。那天，我从朋友圈获悉汤勇局长受邀到彭水县砂石小学和长滩小学指导的消息，立刻给他发信息确认，得知他要在彭水县待两天，能有机会与自己的"偶像"见面，我非常激动。但后来因工作冲突，我没能前往，心中多少留下一丝遗憾。

可能是缘分到了，与他见面的机会没有等很久。6 月 30 日一早，我看到一则消息：6 月 28 日—29 日，齐鲁教育研究院和聊城市教体局主办的乡村学校发展论坛在茌平区举办，汤勇局长与中陶会常务副会长杨东平先生应邀作报告。我赶紧发信息问他是否还在聊城，他说还在，我清楚地记得收到这条信息是在早晨6点16分。我邀请他来莘县指导，他说上午要去冠县贾镇看两个学校，午饭后就要离开。

我7点出发去贾镇中学见他，路上遇到瓢泼大雨，8点左右到学校时，他们也刚刚到。大家在接待室坐下，先是王洪宁校长介绍学校基本情况，趁着汇报的间歇，我上前与汤局长打招呼，先介绍自己，他站起来笑着与我握手，打过招呼，我坐在对面的一角静静地听。这次活动是市教体局邀请齐鲁教育研究院专家现场指导教育强镇筑基行动，省教育厅原副厅长杜希福、齐鲁名校长王明阳和菏泽市几位乡村校长一起参加了活动。

雨稍停的时候，我们一行参观校园。终于有了近距离交流的机会，他身材魁梧，看上去稳重厚道，不像四川人，倒像山东大汉，他的人和他的文字一样，虚怀若谷，和善可亲，又充满着对教育的挚爱和深情。他问及我的教育经历，提到我写的几篇文章，我谈到阅读他文章的心得体会，双方都异常兴奋。

座谈由王明阳校长主持，汤勇局长做了一个小时左右的指导。他手里没有稿子，全程即兴表达。他的发言思路清晰，激情飞扬，站位高，又接地气，围绕乡村学校的品质提升和"双减"下如何减负提质，从如何办孩子喜欢的学校，如何让孩子眼中有光、老师心中有梦想等角度，就社团活动、校园文化、师生阅读、孩子厌学、校长的人文管理等话题，进行了深入的指导。

一上午的时间，很快过去了。散会后，我们握手道别，并合影留念。我提到我正在积极向他学习，也准备出一本书，到时候请他为我作序，他欣然应允。回来的路上，我把新写的一篇文章《校长要善意待人》发给他，这篇文章开篇第一句话是："汤勇局长曾说，好校长首先是一个好人，其次是一个好老师。"他接着在自己的朋友圈转发了这篇文章。

这次见面之后，我们的联系更加密切。每有新作，我都会请他指导；阅读中、工作中遇到难题，也常请教于他。我暗下决心，要以汤勇局长为榜样，学习他炽热的情怀、高远的追求和执着的精神。

05

6月30日晚上，他一如往常在朋友圈发出当天活动记录，其中有一段写道："聊城莘县教育局业务副局长高光，是我的粉丝朋友，他从朋友圈看到我在聊城，今早6点便发微信，请我去莘县，我告诉他当晚要飞成都，明天去凉山州美姑县，这次没时间，只能期待下一次。他便驱车赶到冠县贾镇与我相见。他乡遇故知，彼此都分外高兴和激动。高光年轻，有思想，有情怀，充满活力，曾在寿光市教体局挂职，我经常拜读他的文字，分享他对教育的认知与见解。他说要出一本教育书，希望我写点文字，我欣然应允。他邀请我有机会去莘县指导，我说不敢当，找机会一定去学习。因教育而结缘，为教育而同行，其乐融融，真乃人生之幸事！"

读到这里，我想到教育圈的两位大家李镇西和程红兵的交往。李镇西老师曾在《又见程红兵》中写道："和他单独相处时，我喜欢调侃他，他总是憨厚地嘿嘿傻笑。我知道他这是大智若愚，我则是大愚若智，别看他经常被我调侃得面红耳赤，其实真要'对话'，我和他还不在一个档次，但我愿意在和他的交流中向他学习。中午我给他发微信：我真心佩服你！"

程红兵老师在《我所认识的李镇西》中写道："我跟李镇西老师的交往有二十多年了。我第一次走近他是读他的《爱心与教育》。能够让我这个年龄段的人一口气不分白天黑夜地去读、直到读完为止的书，可能已经不多了，《爱心与教育》就是这样一本书。后来我曾经到过李老师所在的学校，也听评过他的课。最近，我们邀请李老师来到明德实验学校作报告，这也是我第一次连续五个多小时聆听李老师的现场报告。虽然对他已经非常熟悉，但我仍然感到自己内心被一次次地震撼。"

这是两位教育大家之间的交往，让人高山仰止，虽不能至，心向往之。师生之间的交往，何尝不是如此？陶行知先生在《创造宣言》中说：先生的最大快乐，是创造出值得自己崇拜的学生，先生创造学生，学生也创造先生，学生先生合作而创造出值得彼此崇拜之活人。是啊，学生无论是在学习阶段，还是参加工作，最希望的是不辜负老师的期望，得到老师的认可；老师最大的幸福在于"青出于蓝而胜于蓝"，培养出比自己优秀的学生。

一个真正教育家的品质在于他的教育思想，汤勇局长的教育思想来自他坚持不懈的阅读、思考、写作和实践，来自他对教育的炽热感情和责任担当。在其专著的作者简介中有这样一段文字："朴素而幸福教育的倡导者与践行者……致力于教育的探索、研究与改变，潜心于教育的思考、阅读与写作，如今以行者的步伐与姿态，为乡村教育奔走、呼吁与呐喊。"这应当就是他不懈追寻的奋斗目标和持续坚持的动力源泉。

李镇西老师在汤勇局长著作《修炼校长力》的扉页上写了一段推荐词："校长不一定是教育家，但一定要有教育家的追求，我们每一个人都不敢奢望自己能够改变中国教育，但我坚信，如果中国每一个校长都有教育家的高远理想和执着行动，中国教育一定会得到改造的。"

希望在汤勇局长这位亦师亦友的"忘年交"的引领下，心存感动，保持热爱，我也能在平凡的岗位上，书写出自己美好的教育人生。

以诗人的情怀做教育

教育是一门技术，更是一门艺术。让我们再次回到柳袁照校长的观点：诗歌教育不是培养诗人，而是培养有诗意情怀的灵魂。让我们以"诗性教育"润泽学生心灵，以诗人情怀奔赴教育山海，用心、用情书写美好的诗意人生。

有人说，灵魂契合的人，迟早会相遇。我与柳袁照校长便是如此。第一次听他的讲座，就被他的"诗性教育"吸引，后来我们有机会交流，我拿自己的文章请他指导，他的肯定给了我莫大的鼓舞。后来我读他的书，感悟读书之美、学校之美和教育之美，被他的诗人情怀感动着。确实，真正的教育不应是简单的知识传授，而是为孩子种下真善美的种子，把孩子培养成一个善良、热情、有爱心的人，这就要求我们不仅要有专业的素养，更要有诗人的情怀。

01

2023 年暑假，我们委托泰山教育创新研究院组织了一期全县中小学教学副校长能力提升培训，开班典礼后的第一场讲座便是柳袁照校长所作《新课改视野下的课堂创意》。柳校长是特级教师、特级校长、一线走出的教育专家，还是一位作家和诗人。他的讲座也带有典型的散文诗风格，不拘形式，大开大合，如行云流水，诗意盎然，言谈中充满对教育的热爱和对审美的追求。他来回走动，随时走下讲台，与学员交流互动，我也难逃他的提问。他才思敏捷，睿智幽默，思维总比一般人快，故而他的提问和点拨独到而精准，总能让听众茅塞顿开，豁然开朗。

他以高考作文看图说话为例证，总结出高考作文重在考查学生的感悟能力，引导学生以灵魂在场的态度参与语文学习。他讲到范仲淹从未到过岳阳楼，而是看到好友滕子京寄来的一幅画卷，心驰神往，大笔一挥，写就了千古名篇《岳阳楼记》，文章妙在透过想象的景物抒发情感，以"不以物喜，不以己悲"和"先天下之忧而忧"的精神与友人共勉。又讲到王安石的《游褒禅山记》，"古人之观于天地、山川、草木、虫鱼、鸟兽，往往有得，以其求思之深而无不在也。"他说，"得"即"感悟"，由物悟情，由物悟理，世界万物，皆可赋予生命，成为作者表达思想情感之载体。

柳校长受古人睹物思人和触景生情的文字影响，对周遭事物保持着天然的热爱，他常以审美的视角捕捉日常点滴，用诗歌记录生活。他说，从日常生活中感悟教育，是一个老师所必须具备的品行。他站在雅鲁藏布江大拐弯的边上，看大江蜿蜒奔流，想到教育要不得"走捷径"，需要顺应天性，服从规律。他在瑞云峰前沉思，提出理想的教育要"质朴大气""真水无香""倾听天籁"。他蹲下身子看未绽放的菊花，得出"要做俯下身子静候的教育"的结论。

教育家朱小蔓先生说，好的老师应该是敏感的。作为教育工作者，我们要从一草一木、一事一人中，读万卷书和行万里路中，收获人生的感悟，丰盈自己的内心，提升自己的境界，以一个更优秀的自己，投身到教育生活，用更加渊博的知识引导学生，用更加真挚的情感唤醒学生，用更加高尚的品行影响学生，从而收获一个"好老师"的口碑，从这一点来说，柳校长应是我们学习的榜样。

02

柳校长借冯友兰人生境界说，提出课堂四境界：原始课堂、功利课堂、道德课堂和审美课堂。其中，审美课堂追求文化浸润、情感体验的教学。对于语文课堂，他有一个精妙的比喻：瘦、漏、透、皱。"瘦"即追求明晰精干之美，课堂条理分明、思路清晰、不花哨、不做作、有风骨；"漏"即追求留白绵延之美，课堂不呆板、不机械、有思考想象的空间、自主；"透"即追求深刻澄明之美，教师传授知识，更引导情感，直抵人心；"皱"即追求曲折生动之美，讲究节奏，既富于变化，又浑然天成。

把造园艺术与课堂教学相结合，让人不得不佩服柳校长的视角和境界。我常想，是什么样的机缘让他有如此的奇思妙想呢？他曾说："瑞云峰成就了这个校园，也成就了我，让我成为特级语文教师、正高级语文教师，因为她给了我启发，我由此领悟了'语文课堂'。"这里的瑞云峰，乃江南"四大名石"之首，宋徽宗"花石纲"之遗物，清代学者李渔曾在《闲情偶寄》中称瑞云峰是集瘦、漏、透、皱于一身的灵异之石，而这座奇石就伫立在苏州十中。

柳校长的讲座必然要讲到苏州十中，从 2002 年到 2017 年，整整 15 年，他作为当家人守候在这所学校，从一定程度上可以说，这所百年老校的文化成就他，他也尽己所能传承延续着学校文脉，使它成为当今"最中国"的学校。2008 年第 1 期《人民教育》曾以《"最中国"的学校》为题，盛赞苏州十中校园文化建设。什么是"最中国"？就是无论是外显的文化形态还是内在的价值追求，都彰显优秀传统文化的魅力。

这里是清苏州织造署遗址，曹雪芹祖父曾居于此，也是《红楼梦》大观园的雏形。苏州十中前身为1906年建校的振华女中，走出了杨绛、费孝通、何泽慧、李政道等杰出校友，蔡元培、章太炎、胡适、陶行知等名流与这里也颇有渊源。

纪伯伦说："我们已经走得太远，以至于忘记了为什么出发。"我们当时刻反思自己从哪里来，不忘初心，方得始终。读柳校长《教育是什么——一所学校的百年故事》，我读出的是他对学校固有文化的感恩、敬畏和坚守。担任校长之初，他钻进图书馆研读百年校史，他领悟到自己的使命，要把百年历史在校园里生动再现，恢复学校的文化传统，他坚持"修旧如旧"，用文化改造校园，整个过程没有砍树，没有拆房，而是回归历史与传统，让校园的一切"说教育的话"。校园的一楼一廊各有名称——王鳌厅、元培楼、骊英楼……校园的一草一木、一砖一石都蕴藏着故事。

我们如何看待历史，决定着我们如何走向未来。柳校长的讲座，让我们学到很多。尤其是，他让我们意识到，作为校长应该重视学校的历史和文化。他说："历史如此馈赠于我们，当下，我们何尝不应该为这个园子准备给未来的记忆或礼物？"我们的很多学校也有自己的历史和文化，比如莘县实验小学，1944年建校，为纪念抗日县长吕世隆，曾取名为"吕世隆完全小学"；比如莘县一中老校，曾与明代始建的文庙毗邻。如何在挖掘和利用好学校历史文化的基础上，进一步发展学校文化，值得我们的校长深刻反思。

03

那天临时调整的讲座，让我认识了一位有情怀、有担当的诗性校长，成为我倍加珍惜的一段缘分。讲座结束后，我与柳校长合影留念，互加微信好友。井光进局长和王清林院长专门赶来，朋友会面格外兴奋。井局长是年轻的教育家型领导，我常读他的文章，被他的才华折服。清林院长是潍坊教育改革的见证者和记录者，也是教育智库当家人。与他们交流收获满满，结束时意犹未尽。后来，我把自己早期的散文和近期的教育随笔发给他，请他指导，他看后通过微信回复我：你的散文有情怀，有情思；你的教育文章，有温度，有温情。

8月5日，我们见面后第三天，柳校长在他的公众号上发文《遇见有情怀的局长是件十分不容易的事》。他写道："行走在教育的路上，不时会遇到惊喜。尤其在齐鲁之地，不经意间会遇到自己想要遇到的朋友，尽管初相识，一见却像故友。去年、今年、前年，我就分别遇到这样的人。"文章包含三个小标题"诗人局长井光进""资深教育智囊王清林""仰望星空的高光"，他把我和两位教育界专家相提并论，让我感到既惭愧又惶恐。

没过几天，他的公众号转发了我的散文《静下来的时候，我在同里》，他写道："偶然的教育行走路上，遇到高光，一见如故。一个山东汉子，来到同里，变得柔情似水。他还是一个人口大县分管教学业务的副局长，有情怀，他主管的教学改革风生水起。这么一个跨界的人，难能可贵，值得敬仰。"《静下来的时候，我在同里》是一篇旧作，几年前我到同里，被古镇的静谧和安闲打动。同里是柳校长家乡的古镇，他一定和文中的我有过心灵的共鸣。

8月16日他又在公众号以《当下，我们怎么做局长？——不妨读一下高光的文章》为题推荐我的文章，他写道："教育的官与其他官不一样，是灵魂工程师的引路人，首先自己更应是灵魂工程师；一把手把握大局，协调各方，对教学业务没有充足时间顾及可以理解，业务副局长要研究实际、学校、师生，不能只做传声筒，忙于开会，敷衍了事。区域教育有没有亮点，与业务局长有很大关系；没有水平能力，又不思进取的业务局长在现实中虽是个别但也应反思。高光是大家的榜样，他每天都在思考，在行动，在改变。"

关于"诗性教育"，在认识柳校长之前，我有一些不成熟的思考。2022年4月，我们以习作教学课题组的身份调研谷瞳小学"是光"诗歌课程，当时我们把诗歌学习看作学生习作能力提升的一个手段。后来读到柳校长的书，我意识到了我们的肤浅，他说："我们不是让学生成为诗人，而是要让他们有诗意地生活，拥有浪漫的情怀。"受其启发，后来我们两次举办现场会推介"是光"诗歌，现在"是光"诗歌已经成为我们落实"诗性教育"的一项重要抓手。

华东师范大学李政涛教授曾说，一个老师怎么理解语文，他就会怎么教语文，把语文理解为"语言文字"，通过训练学习，他就把语文当工具来教；把语文理解成"语言文学"，他就会关注语文工具性的同时，兼顾其人文性，注重通过语文培养孩子的文学气息、气质、修养；把语文理解成"化语成文"，他就会化别人的"语"成自己的"文"，关注语言的个性、风格和创造，关注自我的感悟、感受和感情。

苏霍姆林斯基说："我一千次地确信，没有一条富有诗意的、感情的和审美的清泉，就不可能有学生全面的智力发展。"我们如何扭转当下教育的功利化、短视化倾向？诗歌，恰恰可以为我们提供"逃脱"的力量。我们可以通过诗歌，让孩子建立时空感和历史感，从而获得对人生的感悟；通过诗歌，让孩子自由思考、反省和表达，从而悦纳自己、热爱生活。在功利世界里最"无用"的诗，在唤醒性灵上却最"有用"。"诗性教育"是培养有诗性的人，让每一位老师和学生都成为有诗性的人，从而影响带动身边的人。

郑英老师在《教育，向美而生》中写道："师者，当怀一半诗心一半匠心。诗心是仰望星空，匠心是脚踏实地；诗心是提升境界，匠心是印证境界；诗心是致其广大，匠心是尽其精微；诗心是向美而生，匠心是让美成真。"是啊，教育是一门技术，更是一门艺术。让我们再次回到柳袁照校长的观点：诗歌教育不是培养诗人，而是培养有诗意情怀的灵魂。让我们以"诗性教育"润泽学生心灵，以诗人情怀奔赴教育山海，用心、用情书写美好的诗意人生。

身边有好校长，家门口才有好学校

人民教育人民办，办好教育为人民。在县城和农村办学，不要盲目追求高大上，办就办老百姓家门口的好学校。

一位好校长就是一所好学校，在农村体现得尤为明显，在莘县，一批农村小学校长正通过努力，带领教师办好老百姓家门口的学校。农村一般小学和教学点是全县学校教育的最基层、最末梢，这些学校一般位置偏远，规模较小，交通和生活不便，校长带领几位或十几位教师扎根在这里。当地农村是滋养学校发展的土壤，教育者的坚守和付出，担当起一方百姓的重托，支撑着一方乡村的希望。

基于搭建经验分享交流的平台，寻找"种子"，有针对性地打造农村学校样板，带动"种子"落地生根，经过一段时间的筹备，农村小学校长论坛终于付诸实践。上午8点开始，中午1点结束，5个小时的交流，大部分发言超时，台上校长讲得起劲，台下我们听得认真，干货满满，反响热烈，时间从来要服从质量。

论坛上24位校长，年龄最大的50岁，最小的30岁，平均年龄39.75岁，学校规模最大的五百余人，最小的一百余人。尽管现实情况和面临的问题千差万别，但24位校长都能立足实际，在教学教研、制度建设、文化建设、社团活动、家校联系等方面做出不俗的成绩，赢得了一方百姓的认可，很多细节，感人至深，让我感受到一种教育情怀与责任担当。

用教育思想引领学校发展

苏霍姆林斯基认为，校长对学校的领导，首先是教育思想上的领导，其次是行政的领导。校长不是行政官员，其管理方式不应是行政命令式的，校长应该用自己的办学理念引领学校发展。校长的办学理念是基于学校实际对办什么样的学校、培养什么样的学生的思考，它从广大师生中来，一经确立，就要通过制度、管理等渗透到学校工作各个方面，通过教职工的实际工作内化成为学校文化。

王奉镇邢滩小学的张鲁顺校长以陶行知先生"爱满天下"教育思想为指导，提出"爱心学校"的定位，确定"播撒爱心，构建和谐，快乐成长"的办学理念，致力于实现三个"充满"——充满文化的校园、充满爱心的教育、充满欢乐的学生，打造"教师尽责、学生勤奋、家长支持"的爱心学校。莘亭办事处徐丁黄小学的孙申葛校长提出"幸福家园"办学理念，追求"一个愿景"——"育幸福学生""做幸福老师""办幸福学校"，倡导教师争做幸福奠基人，让学生成为幸福享受者，通过课堂教学改革促进师生幸福成长。大张家镇常庄小学、大王寨镇西丈八小学发挥地域优势，打造红色文化特色学校，每天大课间结束后进行讲故事活动，为我县党性教育基地培养出越来越多的红色"小小讲解员"。

培养全面和谐发展的人

苏霍姆林斯基认为，教育的目的是培养全面和谐发展的人。素质教育的三大要义是面向全体学生、全面发展、让学生主动发展。但是，素质教育的实施受到办学条件、师资水平和社会环境的制约，一般在农村学校实施有难度。所以，去年的全县教学工作会上，我们提出：聚焦立德树人，落实五育并举，农村小学要立足实际，从小学抓起，开全开齐课程，为体育、美育和劳动教育留足时间，创造空间；学习寿光先进经验，推广人文童子功，立规养习，开展全科阅读浸润心灵，推进基于课标的教学改革，提升效率。

这些看似有难度的工作，在农村一线正悄然开展着。樱桃园镇谷瞳小学以美术、音乐、书法、体育、朗诵等社团活动丰富延时服务内容，白玲老师带领孩子们经营花生试验田，一起收花生，卖花生；大张家镇常庄小学开设菊花种植课，孩子们在老师的指导下种植、施肥、除草，查阅资料，了解菊花的习性和功效，撰写观察笔记，研究菊花茶制作方法，让孩子们体会到劳动的乐趣与收获的幸福；徂店镇前炉小学通过讲故事、课文背诵、限时看图写话、限时作文比赛等形式，坚持不懈推进全科阅读；妹冢镇西沙河小学每周一节写字课、每月一次写字比赛，抓好学生"写字功"的培养；董杜庄镇后朱家小学培养学生 10 项学习习惯、10 项行为习惯，抓好学生"习惯功和品格功"的培养，为学生一生发展奠基。

让教育故事在学校发生

苏霍姆林斯基说，学校里的学习不是毫无热情地把知识从一个头脑装到另一个头脑，而是师生之间每时每刻都在进行心灵的接触。校园是孩子学习知识的地方，是孩子梦想起航的地方，也是孩子留下美好童年记忆的地方。在老师看来微不足道的小事，对于处在心智成长期的孩子，可能就是一件记忆终生的大事。好的学校一定是有故事、有温度的学校，好的校长一定是利用环境、创造条件、亲自参与，让教育故事在学校发生。

十八里铺镇黄楼店小学的徐文涛校长，是一位善观察、善思考、有故事、会讲故事的校长。他的汇报中展示了几幅抓拍的照片，一张描绘的是一名女生驻足革命纪念馆展厅边听边记的情形。这是学校组织学生去红色基地祭扫时拍的，当时文涛校长上前询问原因，孩子说："革命先烈的事迹很让我感动，我要记录下来，当我不想学习的时候，拿出来看一看，能让我克服懒惰，激励我好好学习。"另一组是一名女生几张不同时间的照片，第一张脸上带着恐惧和不安，最后一张脸上洋溢着阳光的微笑。这是一个特殊家庭的孩子，母亲改嫁，父亲重病，失去劳动能力，开始这名同学上课从不举手，下课不和同学玩，自卑孤僻，文涛校长帮她申请贫困生资助，经常找她谈话，鼓励她，她回答问题，同学们为她鼓掌，渐渐地孩子变得阳光起来，自信起来。

好的教育需要学校、家庭、社会共同支撑

苏霍姆林斯基说，没有家庭教育的学校教育和没有学校教育的家庭教育，都不可能完成培养人这一极其细致和复杂的任务。这句话道出了家校教育合作的重要性。学校教育不是一座孤岛，学校教育的任务从来不是单纯依赖于学校这一个特定的场所独立完成，而是需要家庭和社会协同配合和支持，好的教育一定是学校、家庭、社会共同支撑起来。

莘州办事处尹营小学坚持制作感恩成长记录卡，开展"美丽使者在行动"感恩教育活动，架起一座家校心桥。学校地处新规划的新城，附近村庄拆迁，但孩子一个没有流失。徐乾彪校长说："当我们用心做好教育时，发现人心聚到了一起，家校也聚到了一起，社会、家长给予学校最大的信任，我们没有理由不全力以赴地做好这项神圣的工作。"樱桃园镇谷疃小学积极向外寻找关爱资源，联系莘县驻粤流动党支部结对帮扶，

向下寻找特殊家庭，给予经济和心理救助，打造"一束光"家校社共育模式。王奉镇邢滩小学位置偏远，面积小，办学条件相对落后，50 岁的张鲁顺校长是这次论坛年龄最大的校长，他介绍道："虽然学校条件不好，但我们积极创办爱心学校，得到村民的认可，学生也不往镇上跑了。"

判断一棵树长多高，不是看树干有多壮，而是看树根能扎多深。这次寻找"种子"计划，就是要发扬"种子"向上生长和向下扎根的精神。关于办什么样的学校，不同的人有不同的看法，有的校长定位高远，两年打造全市名校，三年打造全省名校，在我看来，倒不必这么功利，有些所谓名校，名声在外，却不受当地百姓认可，是不是一种失败呢？

人民教育人民办，办好教育为人民。十几年前，莘县二中还在乡镇，张广才校长提出"让农村子弟享受优质高中教育"的办学目标，并把这条标语写在学校教学楼上，这样的目标让人感觉实在、接地气，一下子拉近了与老百姓的距离。所以，我主张在县城和农村办学，不要盲目追求高大上，办就办老百姓家门口的好学校。

苏霍姆林斯基任教的帕夫雷什中学，坐落在距克列明楚格市 15 公里的村庄，与森林和农田毗连，南面有奥麦利尼河流过，校舍简陋而朴素，是一所典型的乡村学校。李镇西在《重读苏霍姆林斯基》中写道："只要打开苏霍姆林斯基的著作，就感到他亲切的目光注视着我，我实在想全身心地呼唤，中国的帕夫雷什中学，你在哪里？"我想，这样的学校，一定在"把整个心灵献给孩子"的校长和老师心里，也一定在老百姓的心里。

第四辑

在读书中发现自己

　　阅读，是一座随身携带的避难所。书，将永远是我人生旅途中的灵魂伴侣！

——毛姆

学校应该是一个有诗意的地方

　　诗意是暗夜里的珍珠，在某一刻熠熠发光，让我们用诗意为孩子打开一扇窗，富足他们的精神世界，开启他们的诗意人生。

　　2023 年秋，寿光市教体局公众号做了一期名为"浪漫深秋，寿光校园，赴一场最美的诗意之约"的创意策划：秋天的校园在镜头里纷纷亮相，既有"红叶黄花落"的秋景，又有"橙黄橘绿时"的秋收。秋是诗人笔下的常客，亦是校园停留的过客，在秋天，诗与校园撞了个满怀。看着曾经熟悉的校园，绚烂的秋色，最重要的是孩子们的笑脸，我的内心瞬间被强烈的感动填满，于是随手转发在朋友圈，并附上一句话：学校应该是一个有诗意的地方。

　　"学校应该是一个有诗意的地方"，这是"诗性教育"倡导者柳袁照校长一本专著的名字。他说，写这本书是为了与在十中这个园子的时光做一个"了断"，是对自己在园子里的所思所悟和所作做一番"清理"。他坦言，任职校长十五年，后五年才找到诗意教育的感觉，之前的十年只为迎接这种感觉。当一些学校打着教育的旗号，却越来越背离真实的教育时，他为这个园子保留了教育的"童真"和"诗意"，这源于他对教育的虔诚和对理想的追求，这份艰难的坚守，让学校真正成为一个流淌着诗意的地方。

吴非老师说：现今中小学教育，普及常识也许比加大投入更为迫切，教育投入少，至多是难以达到目标；违背教育常识，则势必形成反教育。在一所学校里，什么最重要？有的学校有名贵的花木、豪华的建筑、奢侈的设备、高远的办学理念……却少了一些真实的、朴素的、人文的诗意，那是没有"人味"的校园。好的学校，涵养人，发展人，完善人，人是学校的目的，学校的一切都是为了让人成为更好的人。其实，生命成长比学业成才更重要，而诗意铺就了生命的底色，托起了成长的姿态。诗意是一种悠长而不凝滞的味道，一种高雅而不庸俗的格调，一种美好而不粗糙的氛围。在我看来，要先有诗意的人，留下诗意的故事，才会有诗意的教育。

何为诗意的教育？柳校长说："教育需要一点迷蒙，需要一点神秘，所谓曲径通幽，教育需要有美伴随始终。开门见山，不是教育的唯一选择，捷径也不会是教育的最佳之路。"网上有一张广为流传的照片：新生儿刚降生，旁边纸上写着"高考倒计时××天"。戏谑的背后，是社会的焦虑情绪。当下教育的功利化愈发严重，不输在起跑线上，一味追求分数，已经成为一些人的共识。但是，教育如果直奔所谓答案和结果，忽视过程的积累和沉淀，往往会适得其反。教育往往不是在"教育"的时候发生，而是渗透在日常生活中，在不经意间自然发生着。这不经意之间，恰恰是诗意大展身手的空间。所以，教育呼唤诗意，诗意理应回归教育。诗意的教育应当是自然地流淌，温和地浸润，是一程柔软的守望，是一场幸福的遇见。

我们需要什么样的课堂？我曾多次就这个话题，与老师们分享自己对课堂教学改革的思考，直到我读了"诗性课堂"一辑的文章，才意识到自己的浅薄。柳校长借冯友兰先生人生境界的阐述，把课堂分成四境界：原始课堂、功利课堂、道德课堂和审美课堂。在他看来，需要摒弃的是前两种，提倡的是后两种，尤其是审美课堂。这样的课堂应当兼具文化的底蕴、探讨的氛围、情感的体验、知识与生活的融通、精神与心灵的醒觉、探究与创新的激发。真正的好课，求真、求朴、求本，与所谓评价标准细则关系不大，哪怕教师满堂灌，哪怕缺少学生活动，但只要教师有一个眼神、一个动作、一句话被学生记住，并使他一辈子受益，这节课便焕发诗意的光彩。

诗意的课堂要靠诗意的教师。柳校长提倡教师写诗，不为成为诗人，而为诗人的"情怀、担当、原创性"。如何成就诗意教师？首先要让教师成为完整的人，而不是教学流水线上的熟练工。保护教师的兴趣，让教师学会"玩"，教师的学识涵养和灵性悟性对学生的影响常在不经意间。好教师一定不是功利的，一定是以自己的丰盈滋润学生，并像诗人一样，自己也沉迷陶醉其间，付出中收获着幸福。钱理群先生说，回顾教师生涯，想想要哭，想想又要笑，我们正视它，又摆脱不了它，形成生命的一种缠绕，而生命的真正意义就实现在这种缠绕之中。这便是诗意教师的模样。

诗意的教师离不开校长的栽培。校长的价值在于，通过对学校的管理，使师生得到最好的发展。柳校长说，做校长，一要放手，要退居次要位置，每一位教师都是校长，每一位校长都是教师；二要搭台，给教师搭建发展平台，好校长在师生成长中成长自己，能容得下教师在校园里成名；三要采摘，校长要有一双异乎寻常的眼睛，在平常的事件中感悟到不平常，在单调中看到丰富，在枯燥中看到丰盈，要及时发现、总结、推广教师的好做法，如从秋天丰收的果树上采摘果子，供大家分享。台湾教育专家高震东访问苏州十中时，对陪同考察的时任苏州市副市长朱永新说，你当市长不如柳校长在这里当校长。我也常羡慕身边的好校长。好的校长不以教育家自居，但力求在日常教育生活中，让教育的细节富有意义，好的校长关乎学校的格局，好的学校管理为师生成长赋能。这样的校长，虽不写诗，却有诗人的情怀，让教育变成了一首诗。

有诗意的校长、诗意的教师，方会有诗意的校园，方能办出诗意的教育来。我合上书，脑海中开始搜索身边诗意的校园和校园的诗意。

前不久，有着"诗歌校园"之称的谷疃小学开展了"一诗一果"劳动实践活动。劳动遇见果实，诗歌邂逅收获。到场的人都在感慨：原来教育可以如此诗意。"谷雨栽上红薯秧，一棵长出一大筐。白露起，秋果生……"老师把红薯与花生从春种到秋收的过程用诗句串联起来，让孩子们观察、体验、感悟，带领孩子们挖红薯，刨花生，清洗，蒸熟，分享。孩子们分享的不仅是美味，更有自己与田野、阳光、云和风的对话。在谷疃小学的校园里，他们把大地上的事情写成了诗，风轻云淡是诗句，孩子们的笑声是韵脚。我曾多次走进这里，深入诗歌课堂，参与童歌文化节，感受诗歌给师生和校园带来的变化。"会写诗的孩子不砸玻璃"，感谢"是光"诗歌，投下一束微小的光，让那些徘徊在边缘的孩子被看见，走出自卑和恐慌，让他们学会写诗的同时，也收获着感动与成长。

我计划把柳校长《学校应该是一个有诗意的地方》这本书，作为共读书目推荐给农村小学校长论坛的同仁们。我相信，当他们打开这本书，里面的很多故事和观点，会让他们感同身受。我也相信，当他们走进谷疃小学，打开这本书，诗意也会在他们的校园中慢慢生长。我更相信，只要践行诗意的教育，我们会有越来越多诗意的校长、诗意的教师和诗意的校园。诗意是暗夜里的珍珠，在某一刻熠熠发光，让我们用诗意为孩子打开一扇窗，富足他们的精神世界，开启他们的诗意人生。

解锁县域教育发展的密码

方华是一位雷厉风行的教育实践者，面对纷繁复杂的教育现象，他总能向教育的起点追问，洞察到教育的本质，时刻保持冷静与理智，成为一位教育思想者。

一个好的教育局局长就是一方好的区域教育。2016 年，中国陶行知研究会农村教育实验专委会在江西弋阳举办了一场具有重要历史意义的县域教育推介会——"校风影响家风，改变民风"现场推介会。后来我有幸参加了专委会组织的活动，并通过汤勇理事长与弋阳县时任局长方华成为朋友，他现在已是华东师范大学教育局长专业发展研究中心主任，结识以后，经常求教，受益匪浅。

最近拜读了方华主任的《做有温度的教育》，感受颇深，在我看来，这是一本教育管理实践的书，也是一本教育本质追问的书，更是一本乡村教育守望的书。这是作者担任弋阳县教育局局长期间系统推进教育改革发展的实践和思考，更是县域教育生态改良的光辉足迹和心路历程，值得大家细细去品味。

一本教育管理实践的书

作为从教师、校长成长起来的教育局局长，作者始终将自己置身于教育教学的一线，倾听师生心声，情系教育发展。他坚信"教育教学业务"是教育局和学校的灵魂和命脉，主张管理者要把"教育教学业务"当作自己的专业与工作重点。他身先士卒带动教育干部开展"五进"（进教室、进寝室、进食堂、进教师办公室、进实验室）"泡课堂""做专业培训师""勤交流"等活动，让管理者的关注点始终放在教育教学一线。他经常深入课堂，他认为真正的课堂互动需要语言交流，更需要静下来倾听、思考和体悟；他认为缺乏师生精神参与的课堂，教与学并没有真正开始……

面对教师的职业倦怠，他动员设立教育发展基金，募集的捐款用于奖励优秀教师、帮扶困难教师；他主张加大乡村学校建设投入，实施农村教师生活化工程，努力做到"教师生活家庭化"；他还不遗余力为教师成长搭建平台，让更多的教师走出去，到先进地区考察学习，把全国课堂观摩会请进来，让教师走上舞台中央；他还牵头成立了班主任、家校工作、心理辅导、名师工作室、教育阅读等五个民间专业协会，从班级管理、家校共育、心理健康、课堂教学、全民阅读等方面发力，工作定位精准，务求实效。三年间，弋阳的学校教育更具活力，教育生态持续向好，他"以良好的校风影响家风，改变民风"的教育愿景正在逐步实现。

教育是一门实践科学，教育问题要到一线去发现，教育政策要到一线去落实，教育思想也是在一线实践中提炼和总结。方华主任这种扎根一线、勤于实践的精神值得我们学习。一位教育家首先是一位教育实践家，比如苏霍姆林斯基，他从教三十多年，一刻都没有离开过教学一线，他的著作是一套完整的实践教育学。我们也曾提倡教育干部的"三多三少"，多一点下课堂，少一点应酬；多一点关注过程，少一点责问结果；多一点率先垂范，少一点纸上谈兵。还通过举办校长论坛，开辟"校长谈教学"栏目等方式，引领校长深入课堂，关注教学，在实践中总结经验，提升治校育人能力。

一本教育本质追问的书

方华主任是一位雷厉风行的教育实践者，面对纷繁复杂的教育现象，他总能向教育的起点追问，洞察到教育的本质，时刻保持冷静与理智，成为一位教育思想者。他深知教育是一个专业性很强的行业，他坚持学习与思考、阅读与写作，要求自己"做个懂行的局长"。面对教育的功利化，他提出教育不是少数人的游戏，要避免人为打造名师和名校，为孩子成长创造更多可能。他还提出教育要向行政化、功能化、资源化、万能化、责任化、妖魔化说"不"，正视问题，回归常识办教育。面对校长官僚气，教师对当官趋之若鹜，他提出，要让资源部门不再是权力部门，让校长对下负责，让检查成为推动学校发展的正能量，让管理者到教室去思考教育，让学校回归教育本位。

教育的本质是培养人，让每个孩子成为更好的自己。办好教育，首要的是要遵循教育规律和学生身心发展规律。作为区域教育管理者，方华主任清醒地认识到：当前教育存在以应试替代知识、以知识替代文化、以笔试替代理解、以文凭替代能力、以规范替代道德、以管理替代教育、以考试成绩替代学校教育等问题，都是绕开育人谈教育，远离教育要义的结果。针对这些问题，他提出：既要"十八岁的教育"，更要"八十岁的教育"，为学生的终身成长和生活负责；办好教育需要静下来，求高会干扰成长规律，求快会打乱成长节奏，求全会破坏成长环境。他总结出教育的"三字经":"爱"是教育的起点,"慢"是教育的规律,"欲"是教育的条件。

中国教师报编辑部副主任褚清源在《把课改作为方法》里讲道,有趣和有意义正像一枚硬币的两面,孩子关注的是有趣,而教育者关注的是有意义,对教育意义的过度挖掘,可能会让我们的努力走向教育的反面。教育如果没有了对孩子的尊重,没有了对孩子成长规律的尊重,即使再有意义,也是空谈。在求快、求新、求变的时代,教育需要慢下来,静下来,沉潜下来。最近几年,我们朝着"松弛、缓慢、专注、安静"的教育目标,用心做好"教师第一"三件小事,让教师收获尊重和发展;实施全员育人导师制,让师生关系成为学习的推动力;搭建阅读写作平台,让师生在读写中幸福成长;追求健全人格的教育,让分数成为教育的副产品。

一本乡村教育守望的书

书名中"温度"一词,饱含着方华主任对教育的热爱,对师生的关爱,尤其是对乡村教育的深爱。他认为乡村教育薄弱是因为没有获得应有的待遇,他为乡村教育振臂疾呼:乡村学校教师编制为何少于城市学校?乡村教师实际收入为何低于城市教师?乡村学校配套设施为何不如城市学校?政府加大投入是真的加大还是弥补原来投入的不足?作为县级教育局局长,要顺应城镇化进程和城乡建设规划,满足城镇居民教育需求,他却反其道而行之,想方设法改善乡村学校办学条件,努力做到"校园生活家庭化";搭建教师专业成长平台,把乡村教师推向舞台中央;加大乡村教师培训,提升乡村教师专业水平。几年间,乡村教育质量提升,大量学生回流,乡村教育成为县域教育的亮点。

方华主任把办好乡村教育提高到乡村文明继承和发展的高度来看待。

他认为，乡村学校是乡土文明的命脉所系，为此，他推动了一系列举措的落地：成立爱心助教基金会，用社会关爱播撒文明风尚；邀请家长参与学校活动，参与学校决策；学校各类设施向村民开放，开展文化宣传、文娱活动，学校成为传播乡村文化、弘扬文明新风的阵地。他还倡导乡村学校根植乡村文化，通过弋阳腔进课堂，民俗活动进校园，让乡土文明符号和记忆成为学校课程的组成部分，乡村学校成为村落的精神文化中心。

城乡教育发展和资源分配的不平衡，是县域教育管理无法绕开的话题。作为县域教育管理者，怎么看待乡村教育，决定一个县域教育的走向。像方华主任这样的区域教育管理者，值得我们尊敬和学习。北京大学教育学院林小英教授说："县域教育就像一块干涸太久的土地，只要浇一桶水下去，真的就会有种子发芽。"县域教育将何去何从，作为管理者，不妨去读读《做有温度的教育》这本书，从中去解锁县域教育发展的密码。

见微知著做教育

见微知著，是一种战略的眼光，是一种反思的智慧，更是一种坚持的精神，让我们面对系列问题，能够化被动为主动，变"遇见"为"预见"，让教育回归常识，让孩子健康成长。

朱永通老师的《教育的细节》是一本让人警醒、发人深思的书。读这本书，让我想到一句话：见微知著做教育。见微知著是指看到事物的一点细节，就知道其发展的趋势和问题的实质。做教育工作，要具备见微知著的能力，是指要增强洞察力和预见性，善于在细节中发现教育的契机，在反思中探寻教育的规律，在坚持中造就教育的成功。见微知著，是一种战略的眼光，是一种反思的智慧，更是一种坚持的精神，让我们面对系列问题，能够化被动为主动，变"遇见"为"预见"，让教育回归常识，让孩子健康成长。

01

教育中有很多细节，这些细节如果处理不当，可能酿成教育问题，智慧的教师则能捕捉教育的契机，做出充满人性关怀的教育行为。朱老师在书中列举了很多教育的细节，比如座位的安排，当班级里的学生数是奇数时，如何来安排那一个单独的座位？可能大多数老师都是安排给调皮捣蛋的学生，但是作者并不这么想，他主张把这个座位奖给表现优秀的孩子，每周轮换，这符合孩子追"新"的心理，同时，这种适度的刺激也能激发出人的进取心。作者讲到教育者对迟到的不同处理，有的厉声呵斥，有的罚站罚跑，这些都是目中无人的教育做法，智慧的教师为迟到的孩子打开后门，不用喊报到，师生间相视一笑，学生悄悄地坐在座位上，课后再解释迟到的原因。

教育的真谛不止于课堂，不止于书本，体现在日常的点点滴滴中。作者讲到一个学生花费两个晚上做的贺卡，在教师节送给老师，被老师当作杯垫，后来泡湿被丢进垃圾桶，无形中伤了学生的心。作者还以校园里常见到的各式各样的时钟显示的时间不一致为例，抨斥教师把"一寸光阴一寸金"挂在嘴边，但是对于随处可见的时钟快慢却视而不见。这是对日常教育的漠视。细节体现观念，观念决定行为。什么是好的教育？答案就隐藏在细枝末节的生活点滴里。我们把每一个细节做好，学校才会多一些故事，少一些事故。

作为教师，要有一双"慧眼"，善于发现那些看似微不足道的细节中蕴含的教育契机，做好每一个细节，呵护孩子的心灵。莘县实验小学坚持抓好"排好队、扫好地、写好字、读好书、做好操、唱好歌、做好人"七件小事，培养学生良好的习惯，为学生打好人生底色。朝城镇中心初中宋言国校长坚持"每天看到每一位学生，让每一位学生每天看到校长"，每天迎接和护送学生，陪课陪餐，用心沟通，暖心陪伴，真心呵护。这些看似微不足道的小事，其实彰显了教育的大爱。教育本身没有惊天动地的大事，要想做好，就要善于"小题大做"，想大问题，做小事情，用春天的精耕细作，换来秋天的累累硕果。

02

叶澜教授曾说：一个教师写一辈子教案不可能成为名师，如果一个教师写三年教学反思，就有可能成为名师。可见教育反思的重要。教育反思就是在日常教育实践中保持冷静的思考，重新审视、质疑、改进自己的教育行为，在分析得失中扬长避短，在反思疑难中寻求突破，从而不断超越自我，提升教育境界的过程。

朱老师是教育反思的坚定执行者，他坦言：缺乏对习以为常的教育行为的反思，是教育自我进化过程中极大的瓶颈。他在书中梳理出三种不当教育行为：一是一些隐含价值判断的教育行为，比如校园里"学生日常行为规范评比"小黑板，评比的目的与实际效果的背离，让其教育价值远远低于它所刺激出来的副作用；二是一些无视原理的教育行为，比如教师不自觉地抢占学生更多的时间用于上课和辅导，与"劳逸结合""一张一弛"的教育原理背道而驰；三是一些迷恋权力、辱没尊严的教育行为，比如校长"感谢领导百忙之中"之类"自我奴化"的语言，校园里"领导关怀"之类的照片或题词，都加剧了官本位的人治色彩，加大了对自由心灵的压迫。

基于对教育的深刻反思，作者提出了"柔美的教育"理念。柔美的教育有两个基本标准：一是具有教育的钝感，即自觉独立于时代潮流之外，对外在于生命的金钱和权力有一定钝感力，这是教育健康生长所需要的免疫力；二是具有教育的敏感，即教育者的眼睛要对人性深情注视，能敏锐地捕捉人性深处的需求和疼痛，并给予无限的呵护和体贴，这关乎教育的本质。为此，对外要坚守教育的独立，推进学校去行政化，扩大学校办学自主权，杜绝形式主义，还学校一片清净的教育空间；向内要遵循教育的规律，尊重孩子的个性和天赋，注重培养他们的品德、操守和创造性，让花成花，让树成树，让孩子成为更好的自己。

03

发现教育的细节，保持反思的自觉，最终观念要走向行动。有人说，敏锐的发现和深刻的思考是这本书的特点，我则认为在提出和分析问题后，给出解决问题的办法，才是这本书最大的价值，书中所列举的智慧的教育者让我们与美好的教育相遇。邱磊老师说，这次考试成绩好，大家总结出来一个结论：要考好，一定要有足够的时间让学生来"浪费"，让他们上足体育课、活动课，乃至到户外走走。张康桥校长坚持"未经与学生生命体验联系的教育，不仅苍白，而且有害无益"的理念，毕业典礼上让学生"种植梦想"，畅想未来；组织六年级的学生给一年级新生赠送礼物，新生接受关心，六年级的学生体验时间的流逝和成长的滋味。

在我看来，《一厘米之变》是最精彩的一篇。作者通过著名的"一厘米主权"的故事，引出坚持一厘米之变的理念，即教育就要从能改变的地方开始，一厘米一厘米地努力去改变，积少成多，就能引发更多更大的改变。2022 年，我们以谷瞳小学为试点引进"是光"诗歌项目，一次座谈交流，一位老师谈到透过孩子的诗歌发现存在的心理问题，让她感到茫然无措。我说，看见即是照亮，我们在乡村开展诗歌教学，就是为乡村孩子播下一颗关于热爱、关于自我表达、关于健康的关系的种子，只要我们朝着正确的方向坚持走下去，诗歌就可能通过改变人的心态去改变他的命运。

《人民教育》有一篇文章《一线教育工作者如何应对内心的撕裂感》谈到，当我们面对学生和家长的现实需求与教育自身内在规律之间的撕裂，面对专家口中的教育与多数一线教师感受到的、实际做的教育之间的撕裂时，我们应该何去何从？我们在《教育的细节》这本书的最后可以找到答案，即"做思想的教育家"，既要树立正确的教育观念，又要具备解决实际问题的实践智慧。做一个现实的理想主义者，或者说，做一个心怀理想的现实主义者，是指在现实生活中用点滴的行动慢慢向理想靠近。教育就是一个水滴石穿的过程，只要坚持努力地做下去，就一定会有奇迹的发生。

做"尊重教育"的践行者

老师呵护着孩子，孩子心向着老师，师生共同在"家"一样的学校学习生活，浇灌出教育丰满理想的花。"尊重教育"的校园生活令人憧憬和向往，"尊重教育"的校园生活值得我们追随和践行。

《徐言漫语》是安丘市青云双语学校校长、齐鲁名校长徐军民的专著。认识徐校长，得益于韩高波校长引荐。我是徐校长"徐言漫语"公众号的常客，每每更新多有拜读，后来有机会走进青云双语学校近距离目睹他的风采，感觉颇为荣幸，他人如其文，热情、谦逊、厚重和智慧，给我留下深刻印象。第一次见面时，他赠我一本新作《徐言漫语》，这本书是他在教育一线的深度思考，也是他的"尊重教育"理念的落地，为我们的教育实践提供了一种有益的借鉴。

尊重是教育的基石

没有爱就没有教育，尊重学生是教育学生的前提。美国教育家爱默生说："教育成功的秘密在于尊重学生。谁掌握了这把钥匙，谁将获得教育上的巨大成功。"日本教育家佐藤学说："教学的成功，三成来自技术技巧，七成来自对学生的倾听与尊重。"美国心理学家马斯洛的需要层次论认为，人的需要由低到高分别是生理的需要、安全的需要、归属与爱的需要、尊重的需要和自我实现的需要。其中"尊重"是人的较高层次需要，当学生个性和需求得到充分尊重，潜力潜能得以激发，自我风采随之绽放。教育学本来就是关系学，教师对学生越尊重，与学生的关系越密切，教育的效果就越明显。

徐军民任校长的二十余年里，坚持实践和反思，充分尊重和信任学生，遵循学生身心发展规律，为每一位学生提供适合的教育。他在小学任职期间，提出"三性教育"，即顺应天性、张扬个性、激发灵性；到初中任职后，在"三性教育"基础上提出了"尊重教育"，并从课程、课堂、活动和评价四个方面开展实践探索。他说："尊重教育不是挂在墙上的，要有脚，能走进人的心里，要有心，能内化为师生的精神追求，要有爱，能外显为师生的自觉行动。"书中没有空洞的理论阐述，而是通过一个个"尊重教育"的小故事和小细节，表达作者对教育规律和对育人使命的坚守。

作者在与学生谈话中，发现青春期学生的问题在于归属感和价值感的缺失，他说："赢得青春期孩子信任的最好途径，是以相互尊重、相互平等的态度解决问题，你可以不认可他的观点和做法，但要尊重他的人格。"面对记恨老师的学生，他反思道："尊重学生的个性和人格，既要避免对学生实施体罚，更要避免实施心罚。体罚伤及身体，心罚伤及心灵。"面对抽烟和化妆的女生，他开设女生校本课程"豆蔻年华"，从女子有德、女子有容、学有规划、技有所长、交往与自我保护等方面对女生进行性别教育。作为校长，他尊重教职工，民主管理，真情服务，把学校打造成为一所尊重个性、和而不同的精神乐园。

教育需要静待花开

尊重教育规律，是办好教育的前提。苏格拉底曾说："教育的本质是点燃、鼓舞和唤醒。一万次的灌输，不如一次真正的唤醒。"教育不在于传授和灌输，而是唤醒学生的心灵，点亮学生的梦想，释放学生的潜能，让每一位学生成为更好的自己。叶圣陶先生曾说，教育就像农业一样，需要一个缓慢的发展过程，需要很长的一段周期，不像工业上的批量生产，迅速出炉，农业是一个复杂的过程，每个孩子就像农作物一样，有自己的成长规律和生长季节，需要静待花开。作为教育者，要努力摒弃浮躁和功利，让教育回归本真。

作者总结的"尊重教育"理念有两条要义，一是尊重个性育人，二是尊重规律求真。他认为尊重规律包括尊重教育规律，尊重学生成长规律，尊重学科教学规律，尊重学生学习规律，等等。在尊重学科教学规律方面，作者带头与老师们一道做以学科为中心的教学评一致性研究，他说："教室不应该是一个教师或者学生为中心的空间，而应该是以学科为中心的舞台，因为，学科能指引学习的方向。"他关注学生学习品质的培养，他总结道："自主学习，培养专注思考；合作学习，培养合作沟通；精讲点拨，培养倾听质疑；课后反思，培养综合思维。"学习品质的提升不仅赢得短期的分数，还会赢得长远的未来。

教育的功利化、短视化倾向，加剧了学生和家长对于升学的压力和焦虑，面对内卷，他直言道："教育如果离功利主义远了，离教育的本质就近了。"他关注学生的全面发展，提出"新时代的'新三好'"：走得好（三观正）、学得好（成绩优）、长得好（身体棒）。他关注学生的阅读，把阅读比作篮球比赛中不持球队员的持续跑位，看似无用，却能达到创造进攻空间的目的。他对教师说："教师是一个非常特殊的工作，有的教师可能任何规章制度都不触犯，却不能保证是一名优秀的教师。"他对家长说："要立足赢得孩子，而非赢了孩子，赢了是一时，赢得则是一生。"多么智慧的语言！教育本就应该是一门潜移默化、润物无声的慢的艺术。

教育是永远年轻的事业

尊重自己的事业，保持对事业的热爱，可以让自己的心态保持年轻。苏霍姆林斯基说：只有那些始终不忘记自己也曾是一个孩子的人，才能成为真正的教师。陶行知先生也说：忘了你们的年纪，变个十足的小孩子，加入到小孩子的队伍里去吧！你若变成小孩子，便有惊人的奇迹出现：师生立刻成为朋友，学校立刻成为乐园。

把自己变成孩子，加入孩子的队伍，俯下身子观察和倾听，意味着教育者要以平等的身份看待孩子。以平等的态度对待孩子是对教育事业的尊重，是"尊重教育"的起点。有了这样的教育，教师才会拥有永远年轻的心态，教育才会成为永远年轻的事业。

尊重学生，自然也会赢得学生的尊重。他说，在小学工作时，学生称他"徐大大"，到了初中，学生称他"徐大哥"。他说年龄大了，因为与学生的距离近了，心态反而年轻了。每年的校园风筝节，他都会与学生一起放风筝，他说："在欢声笑语里融在一起，我们原来都年轻，我们依然还有梦。学生奔跑的脚步，释放的是心灵和天性，追逐的是风筝，放飞的却是梦想。"他在《一路走来美如画》中提到，"我走，你跟着"适宜学前阶段，"你走，我看着"适宜小学阶段，而"我们一起走"适宜中学阶段，在参与教育的过程中，教师要让学生感受到他既是教师，又是朋友。

作为管理者，他以身作则，要求老师们做到的，首先自己做到。他忘我地投入工作中，勤奋是他的座右铭，在《岁月留香》中他写道："我们要做名利的素人，生活的主人，工作的爱人。"在《在革命人永远年轻》中他说："忘我工作的人，岁月不老，忘我工作的人，健康快乐。"他关注教师的工作状态，在《你是你的药》中教给教师消除职业倦怠的方法，在《心累跑跑》中鼓励教师锻炼身体，参与文体活动，在《幸福时光》中他说："教师的职业幸福在于遇见，不是在幸福时光中遇见学生，而是因为遇见学生才有了这段幸福时光。"是啊，教育是多么美妙的遇见，在学生未来的生活里一定会有教师的影子，有幸福的教师，才有幸福的学生。

从尊重人，到尊重规律，到尊重自己的职业，尊重是一种修养，尊重是一种品格，《徐言漫语》道出了"尊重"的教育真谛。"尊重是教育的基石"，作为教育者，我们要心中有爱，眼中有人，推己及人，平等对待每一个学生，用心成就每一个学生；"教育需要静待花开"，作为教育者，我们要坚守育人初心，尊重教育规律，一辈子做教师，一辈子学做教师，与学生共同成长；"教育是永远年轻的事业"，作为教育者，我们要敬畏教育事业，从敬业和乐业走向专业，永葆年轻心态，活出精彩人生。

徐校长还写过一首诗《画》，后来谱曲做成 MV。"我想给孩子画幅画，画一扇窗户看天涯，画一双翅膀飞出了家，画纯真的笑声开满鲜花；我想给老师画幅画，画一双素手指天涯，画一双眼睛会说话，画出一支粉笔会生花；我们想给青云画幅画，画坚实的脚步走天涯，画出长臂淘尽万里沙，画出教育丰满理想的花……"徐校长描绘了他心目中的幸福教育。

"尊重教育"的校园生活令人憧憬和向往，"尊重教育"的校园生活值得我们追随和践行。

用"看见"照亮孩子的心灵

"看见"是教育的起点,"看见"也是教育的原点,当孩子感受到自己被看见时,其实也是确立老师在他心目中的"在",并会期待这样的老师一直都"在",所以这样的老师一定会长期住在孩子的心里,成为孩子成长历程中的指路明灯。

心理学家武志红说:"爱只有一种,就是看见,除此之外,其他的都叫善意,而不叫爱。"真正的"看见"不只是眼睛的看到,而是通过眼睛的看到,建立彼此之间的联结,实现心灵的交流。爱是教育的源泉,没有爱就没有教育,作为教师,当我们看到孩子的某种表现,如果能准确而及时地做出回应,让孩子觉察到自己是被看见、被关注和被爱的,这种"看见"就如同一缕阳光,照亮孩子的整个世界。

《教育的100种方式》是莘县甘泉学校宋秀芳老师一学年的教育教学手记,以给初三(5)班49名同学的书信切入。其实,这是她二十年教学工作的常态——爱、思考、阅读和写作。读罢这些信件,我由衷地佩服和羡慕她,她肩负繁重的学校管理工作,仍然钟情于三尺讲台,不离不弃;她既是一位优秀的语文教师,还是一位难得的人生导师,她的教学中自然流露着真教育;她善于学习和思考,坚持阅读和写作,在喧嚣纷扰的尘世中，静守着自己的一片"桃花源"。

从书信中不难看出，她是一位写作的"高手"，她给学生的每一封信都堪称励志美文。她博览群书，信手拈来，她常引用的经典既有《道德经》《诗经》《中庸》《三国演义》《水浒传》等古代文学名著，也有《穆斯林的葬礼》《人生海海》《你当像鸟飞往你的山》等现当代文学佳作。她读《我与地坛》，边读边流泪，用自己的情感体验唤醒孩子的悲悯心，与孩子共同修炼"共情"的高贵品质，所以她常会"心疼"孩子。她还常引入名人的成长经历，告诉学生"世界以痛吻我，我要报之以歌"的道理，鼓励大家乐观积极面对挫折，永葆初心，战胜困难。再看她书信的开头或结尾，"诗家清景在新春，绿柳才黄半未匀，乍暖还寒的初春，阳光也开始变得温暖起来。""所有美好，都在来的路上，春暖花开的时节播下种子，六月里定能收获惊喜。"总是娓娓道来，朴实无华的语言表达着真挚动人的情感，给人以奋发向上的力量，让人感到温暖而振奋。

在语文课堂上，她大胆放手，让学生成为课堂的主人，孩子们的表现让人刮目相看。她坚持开展好书推介、新闻播报、奋斗初三等主题的课前演讲活动，学生悄悄发生了改变——从第一轮的紧张羞涩到第二轮的从容大方，她在观察中发现学生成长的亮点，她的鼓励和鞭策，如同一场及时雨，滋润学生的心田。她受李希贵《从"地下图书馆"到"每天10分钟"》的启发，与学生约定课堂任务完成顺利，她会"奖励"学生到图书馆自由阅读一节课；在《水浒传》项目式阅读活动中，按照小组合作学习方式，注重发挥学生的爱好和特长，一位同学的鲁智深素描画像让大家眼前一亮；在《文学的真实和虚构》一文中，她从诗歌仿写中发现的问题出发，教给孩子"千教万教教人求真，千学万学学做真人"的道理。

"有人年少时便花团锦簇，有人到老时才看到红霞满天，不用着急，只需努力耕耘，默默蓄力。"秀芳老师深谙教育的规律，她明白，每个孩子都是一颗种子，只是花期不同，有的开花早，有的需要等待，而有的一辈子也不会开花，因为他是一棵参天大树。她善于发现每一位同学的优点，从不吝惜对学生的肯定和夸赞；她还善于从细枝末节中找到学生问题背后的原因，及时地给予温暖的帮助，她透过习作读出了学生的家庭情况，真诚地说："如果你觉得父母不在身边，感到孤单的话，老师愿意做你的朋友，陪你一起走过初三，甚至高中、大学的生活。"她甚至和盘托出自己的亲身经历，去疗愈学生心灵的创伤，当她抖落一身的伤痛，自己的心灵也变得轻盈。

教育是理想主义者的事业，心怀理想的教育者，才能教出心怀理想的学生。秀芳老师在长期教育实践中，从未停止过对教育理想的追寻。在给学生的信中，她极少提到考试和成绩，使用频率最多的词有：努力、奋斗、攀爬、向阳、澄澈、温暖、善良、纯真……她在《教育的目的是什么》中写道："教育的目的不仅仅是成才，更多的是成人。健康的体魄、成熟的人格才是大写的人生目的。"在《不满是向上的车轮》中她写道："教育的过程就是一个不完美的人引领一群不完美的人追求完美的过程，作为教师，我虽不完美，但好在努力，孩子们亦然。"她常拿自己做例子，以身示范教育孩子悦纳不完美的自己，坚持梦想，敢于追梦，成就更好的自己。

如果非要说一说这册小书的遗憾，我想可能是秀芳老师仅仅为我们展示了她对孩子的这种爱和付出，是单向度的。我们无法，至少现在无法看到孩子有什么样的反应，以及几年之后，几十年之后，会对他们产生什么样的影响。其实这并不影响我们来读这本书，感受这本书的美好。教育本身的一条铁律就是，教育是慢的艺术，需要静待花开，教育需要用尽量长远的眼光，做好眼下的事；我们无法在人间做大事，只能用大爱来做小事。行文至此，我为身边能有如此优秀的老师感到由衷的欢喜。我想，这49位同学是幸运的，他们一定会珍藏好老师的信。这些信，不仅帮助他们渡过当时的那道坎，而且在面对未来人生路上那些未知的沟沟坎坎时，这些孩子会变得更加自信，更加从容。

郑英老师说过，教师若能看见孩子，孩子就会感受到自己的存在，愿意尽情展示自己，在"我是谁"和"我将是谁"的追求中不断自我突破，实现新的成长。"看见"是教育的起点，"看见"也是教育的原点，当孩子感受到自己被看见时，其实也是确立老师在他心目中的"在"，并会期待这样的老师一直都"在"，所以这样的老师一定会长期住在孩子的心里，成为孩子成长历程中的指路明灯。

用"看见"去照亮孩子的心灵，成为孩子成长路上的那束光，这不正是教师应追求的理想吗？

爱是理解和尊重

爱是关怀和成全，爱是理解和尊重，无论是站在孩子的角度，呵护孩子的兴趣，给予孩子信任，还是陪伴孩子成长，都要基于对孩子的理解与尊重，关注孩子本身永远比关注孩子成长的某个"结果"更加重要。

有了孩子之后，我刻意地找一些儿童教育心理类的书来恶补，《爸爸决定女儿的一生》是其中的一部。我虽是师范毕业，一直从事教育工作，但深感在儿童心理和家庭教育方面知识的匮乏。女儿一天天长大，自己一个小小的举动甚至言语，都可能对她造成很大的影响，书到用时方恨少，只能临时抱佛脚了。

《爸爸决定女儿的一生》是在学校图书室借的，曾一度束之高阁，还期逼近才拿出来突击一天将它读完。书的封底的介绍可谓真实客观："本书不是培养'哈佛女孩'的指南，更不是塑造'全能父亲'的手册……他们来自普通的家庭，正因他们的普通，这些平凡得如同'邻家'的故事，对于当今的中国家庭来说，更具有普遍的现实意义。"

作者中的父亲曾广谦不是教育专家，甚至没有教育专业背景，女儿曾紫络是一个平常普通的女孩，也经历过补习班、游戏、追星和学习的迷茫和困惑，她最终读的大学也不是北大、清华。这本书最吸引人的地方应该是父女心有灵犀的合作。全书包含五个部分，前四部分父亲回忆二十年间陪伴女儿成长的教育心得和思考，第五部分《成长的记忆碎片》收录了女儿的 22 篇短文，她站在孩子的角度，对天下父母提出发人深省的建议。前后相互照应，构成了父女之间关于家庭教育的智慧对话。父亲认真观察、参与女儿成长的点滴，每一次"有心"的教育，都在女儿心中播下了爱的种子，这是一种成长过程的陪伴，也是一种刻骨铭心的体验。

站在孩子的立场

让处于绝对优势的自己放下身段，与那个被自己呼来唤去的小不点平等相处，对于父母来说绝不是件易事。有人曾在迪士尼听到一位妈妈对她儿子说：我们现在在地球上最快乐的地方，别让我扇你。用成人的眼光看待孩子的世界，本身就是对孩子成长的不理解和不尊重，但是这样的案例屡见不鲜，时时刻刻在我们身边发生着。曾广谦在序言中坦言，正是一段类似的经历促使他写这本书。2008 年，他带女儿到都江堰游玩，过程中回忆起十三年前，也就是 1995 年，当时女儿 7 岁，第一次到都江堰。曾广谦问女儿第一次到都江堰的印象，孩子说，只记得你把我采摘的花扔了，我大哭了一场。曾广谦当年计划旅行的初衷，是想让孩子通过旅行增长见识、亲近自然，然而自己一个不经意的举动，给孩子造成了难以释怀的心理伤害。

父母总是天然地将子女看成自己的附庸，给孩子设定较高的目标，以自己的意志左右孩子的成长，结果往往得不到孩子的主观配合，无法收到预期的效果，甚至有可能适得其反。曾广谦曾想用补习班填补期望，然而这一行为在女儿看来没有经过自己同意，让她"恨之入骨"。在

《我对女儿的期望》中曾广谦坦言，女儿高中成绩下滑，他心急如焚；高考结束，面对学校和专业选择，一度陷入困境，但庆幸的是，每次左右徘徊的时候，理智总会提醒他，父母对孩子真正的期望到底是什么——女儿健康、快乐、幸福才是父母的最大期盼，任何东西都无法与之交换。父母对孩子的爱应该从人性之爱提升为理性之爱，并且让孩子体验到爱的温暖，从中获得成长和前进的动力。

呵护孩子的兴趣

父母都梦想自己的孩子琴棋书画样样精通，能文能武，于是交给各色兴趣班。现在所谓的兴趣班都急功近利，为的是考级考证，失去了兴趣培养的意义，徒增孩子的负担，挫伤孩子的积极性。关于孩子的兴趣，在《女儿是我的老师》一文，曾广谦谈到自己几乎从没专门探究过女儿的课业，而是投入精力向女儿学习她所喜欢的东西。女儿从小痴迷日本动漫，曾广谦就尽力了解发现它的正面意义，谦虚地向女儿学习，深度了解孩子的爱好之后，再以自己的知识和经验分析哪些可以鼓励，哪些需要抑制和避免，在交流和沟通中加以引导，父女至今都从爱好中获益。

在多数家长的认知里，电视、游戏、手机是孩子学习的天敌。《为电视平反》一文曾广谦介绍引导女儿喜欢上《国家地理》等电视节目。《不要限制孩子的兴趣》讲女儿高中阶段爱上看电影，爸爸陪女儿淘影碟，看《看电影》杂志，曾广谦把看电影视为女儿的一种休息和放松。他说，父母的责任是引导、鼓励孩子尝试，而不是反对，比起孩子的成长，高考的意义其实很有限。曾紫络坦言，对音乐和电影的喜爱是她走上传媒这条路的原因。《可怜的小动物》一文讲到曾紫络读初中时养小兔子，兔子只活了半天就死了；读高中时养猫，被抓伤打狂犬疫苗。电脑游戏、读杂书、追星、养宠物、旅行等，曾广谦都不禁止，只是关注女儿在这些兴趣上的"度"，他说，家长在孩子的业余娱乐活动中要成为倡导者、参与者、观察者、思考者，任务远比孩子要多。父母给孩子设置一个安全、理性的"度"，让孩子在"度"中自由体验，才更有益于丰富认知、充实心灵、激发灵感，拓展想象力。

给予孩子以信任

泰戈尔说：让我的爱，像阳光一样包围着你；而又给你，光辉灿烂的自由。幼儿教育专家孙瑞雪在《爱和自由》中说：父母的职责是用爱给孩子提供一个安全的环境，至于如何探索世界，那是孩子的自由。溺爱已经成为当今社会的一个普遍现象和问题，很多父母都深陷其中，且不为所知。溺爱其实是披着爱的外衣的一种占有和控制，是成人按照自己的意志去管理孩子，剥夺孩子的独立性，其背后的心理基础是恐惧和不信任。包办型的溺爱，指父母不让孩子动手，把孩子的一切都安排好，不鼓励甚至不喜欢孩子独立解决问题；纵容型的溺爱，指孩子要什么父母就给什么，不论孩子的要求多么不合情理，他们都会用全部力气去满足。心理咨询师武志红指出，溺爱是一种懒惰的、不负责的爱，溺爱时，很容易忽视孩子自身的需要，尤其是成长的需要，真爱孩子的父母，懂得放手，懂得孩子不同成长阶段有不同的成长需要，接受并乐于看到孩子的自我独立和自我成长。

让幼小的孩子独立探索，是无比重要的事情。曾广谦在女儿幼儿时期就给她跌倒再爬起来的机会，孩子说，这样让她在以后的生活中独立坚强地面对一切。曾紫络在《自己上学》中说，父母从小让她独自上学，不仅可以增强自我保护意识，培养独立自主能力，还令她必须对自己路上的每一个决定负责，小到如何有效花掉早餐钱，大到如何在没有人监督的情况下坚持自己的原则。很多家长谈电脑游戏色变，即使允许孩子玩游戏，也无时无刻不在监控，这种做法显然是错误的。曾紫络在《电脑游戏》中说，家长与孩子之间应该保持君子之信，被监视的孩子玩也玩不畅快，学也学不好。《两男两女的远行》一文讲述曾紫络高考后突然提出与同学去丽江旅行，作为父亲，曾广谦经历了激烈的思想斗争最终答应了女儿，但临行前还是忍不住问女儿是不是在谈恋爱，孩子笑答，你想哪儿去了。后来曾广谦反思道：孩子远比我们想象的更单纯、更聪明，所以父母要多给孩子一点信任。

陪伴孩子走过成长关键期

从发展心理学上来说，孩子的成长过程大致分为依恋期和青春期，在这期间有很多黄金般贵重的敏感期，孩子的成长是不可逆的，在这些关键期尤其需要父母正面的教育和引导。除了心理发展上的关键期，人生还有几个关键期，比如高考。书中用《参与和分担：高考冲刺的启示》一个章节大篇幅讲述面对高考压力，父母需要做到参与和分担。《爸爸，我想死》一文讲到曾紫络高三时面对学习压力向父亲的倾诉，曾广谦反思说：家长在这样的时候，一定要向孩子非常清楚无误地表明自己的态度，即关心孩子的感受，关心孩子本身胜过关心其他的一切，让孩子感受到爱、温暖和支持。每一个孩子面对考试都想赢怕输，曾广谦在《共同参与和分担压力》中讲述自己通过心理按摩提示女儿，考试是为暴露问题，不要计较考试的排名，把眼光放在实实在在的知识掌握上。加压还是减压？高二考试期间凌晨陪女儿看世界杯，高考前还在陪女儿看《快乐男声》，整个高中阶段，孩子都没有丢掉她的爱好，父亲一路陪伴，适度给女儿减压。

曾广谦在《细节培养习惯》里介绍，在女儿的婴儿期，他就注意不让女儿通过哭闹实现诉求，让女儿认识到自己不是家庭的中心，而只是重要的、值得关注的一员，从小培养她独立思考和动手的能力。面对青春期的女儿，曾广谦以谦卑的心态与她平等相处，尊重女儿的隐私，给她独立空间展现自我意识，容忍女儿的标新立异，他说孩子在青春期一些出格的言行是人生的必经过程，无须过分看重。《扔掉心中的放大镜》一文告诫家长，面对孩子的问题，没有必要上纲上线，尽量不要与孩子发生冲突和不愉快。早恋源于青春期的性发育，但本质上是因为亲情的缺失，对于未成年的孩子来说，青春之花过早绽放，更多是不欢而散，甚至是苦果和悲剧。曾广谦说，青春期尤其要让孩子感受到家的爱和温暖，父母要帮助孩子确定精神追求的方向和目标，让孩子把心思放在实现梦想，完善自我并超越上。

爱是关怀和成全，爱是理解和尊重，无论是站在孩子的角度，呵护孩子的兴趣，给予孩子信任，还是陪伴孩子成长，都要基于对孩子的理解与尊重，关注孩子本身永远比关注孩子成长的某个"结果"更加重要。成熟的父母不会第一时间去处理孩子的问题，而是先去处理孩子的感受，对于孩子而言，他的感受被父母看到，是对他最好的一种治疗。对于女儿，曾广谦细致入微地观察，无微不至地关怀，理性适度地陪伴，真正诠释了什么叫爱之有道。

教育家陈鹤琴说，做父母实在要有一种专门的技能、专门的学识。在未做父母之前，应当自问有没有研究过怎样教养他未来的儿童，自问应当有什么资格才配做父母，做了父母之后，应当自问是否有相当的研究，相当的了解。这也是我看完这本书的感受，我想，作为一个父亲，自己该做的事情真的还有很多很多……

在转弯处转弯

　　人的一生或坚持如一，或遵从内心，都是为自己的热爱。在转弯处转弯，看似是一种放下，其实也是一种执着。

　　音乐人小柯有一首歌《我变了我没变》，其中一句歌词给我留下深刻印象："我做了那么多改变，只是为了我心中不变。"每次听到这首歌，总会想起一本书——陈行甲的《在峡江的转弯处》。书中的故事给人火一样的激情与力量，作者对初心的坚守，对理想的执着，让人感同身受，给人救赎热望。从中，我读出了坚守的意义：不变，是对初心的坚守；为初心做出行动的改变，则是对坚守的坚守。

　　作者当年荣获"全国优秀县委书记"，在仕途前景一片光明之际，为何做出辞去官职从事公益事业的"奇葩"之举？这是一本传记随笔，按时间排序，读书的过程也是寻找答案的心灵旅程。第一记"我和我的母亲"，写母亲给了作者柔软的心灵，教会他干净做人的道理；第二记"关于我们的事，他们统统猜错"，写妻子陪伴他闯过黑暗，一直在背后默默支持；第三记"如果有光，我就能看到你的眼睛"，写基层九年的经历，锤炼了他的务实品质和为民情怀；第四记"人生的巴颜喀拉山"、第五记"密歇根湖上有一千种飞鸟"，写清华和芝加哥大学的学习经历，坚定了他对理想的追求和对美好的渴望。

真正答案揭晓，是在第六记"在峡江的转弯处"的第 10 节。这一节应当是整本书的最高潮。作者在县委书记任上经历过彷徨、痛苦和挣扎，风浪愈大，初心愈坚，当他从重度抑郁中走出来，他的心大了很多，可容人容事的空间大了很多："那段时间，我时常去巴东县城背后的大面山顶，长江最大的急转弯就在大面山脚下的巫峡口。从山顶俯瞰，滚滚长江从天边奔涌而来，遇到大面山的阻挡向右急转弯九十度进入西壤口，然后在不远处的官渡口转入开阔平静的江面……一个追求理想的灵魂就像奔向大海的河流，路途注定是艰难曲折的，但是只要向着大海的方向不变，最终会绕过那无数的漩涡和暗礁，奔向一马平川东流入海。"

他在读德鲁克《管理自己》和周有光先生纪念文章《112 岁的"汉语拼音之父"走了，他一辈子活出了别人几辈子》时为自己的"转弯"找到合理性：人生就好比足球比赛，也可以分为上下两个半场。"这个'几辈子的感觉'，极大地鼓舞了我，如果说人生好比爬山，上半场这座山，我已经到达了山顶，已经没有遗憾……当跑的路我已经跑尽了，所信的道我已经守住了，这场美好的仗我已经打完了，而且胜利了。人生下半场，我可以轻装上阵去爬另一座山了。"最终他在仕途巅峰选择了急流勇退，不论过程多么跌宕和凶险，当他做出这个决定时，内心是平静的、踏实的、满足的。

沈从文先生在《边城》题记里写道："我生长于作品中所写到的那类小乡城，我的祖父、父亲以及兄弟，全列身军籍，死去的莫不在职务上死去，不死的也必然地将在职务上终其一生。"我向来对那些坚持做一件事的人生心怀敬意，但我也渴望人生的蜿蜒曲折和波澜壮阔。"世界那么大，我想去看看""不如来一场说走就走的旅行"……不知道什么时候开始，有一种声音开始敲打人们的心灵，人的一生或坚持如一，或遵从内心，都是为自己的热爱。在转弯处转弯，是一种放下，更是一种执着，现实中，又有几人能真正做到呢？

我想到弘一法师李叔同。他出身富贵之家，少年时才华出众，青年时留学日本学习艺术，回国后在浙江一师教书，38 岁声名正旺时选择遁入空门。他是中国油画的开拓者，中国现代音乐的鼻祖，中国话剧的奠基人，佛教律宗第十一代祖师。丰子恺在《李叔同先生的教育精神》中评价他："李先生的确做一样像一样：少年时做公子，像个翩翩公子；中年时做名士，像个风流名士；做话剧，像个演员；学油画，像个美术家；学钢琴，像个音乐家；办报刊，像个编者；当教员，像个老师；做和尚，像个高僧。"他在多重身份中转换，活出了别人的好几辈子。先生何以做一样像一样？丰子恺曾慨叹道："就是因为他做一切事都'认真地，严肃地，献身地'做的原故。"

我还想提及我的研究生导师刘伯山教授。从工作经历来看，他大学毕业从基层做起，32 岁做到副县级干部，38 岁离开机关到大学，做到教授博导，成为省政府参事。从学术研究来看，他的专业是哲学，早期关注自然和宇宙，发表多篇重量级论文，后来痴迷徽州文化，开始抢救、整理、研究徽州文书的事业，2001 年，他把自己珍藏的 1 万余份徽州文书悉数捐献。现在他成为著名徽学研究专家，为徽州文化的传承发展做出了突出贡献。从行政干部到大学教授，从抽象的宇宙哲学到具体的"田野徽学"研究，是什么让他完成这样的转弯？《档案》杂志的一篇报道给出了答案："源自一种历史使命感和文化责任感，源自对国家、对民族历史文化深厚的爱，源自不同流俗的坚定人格。"

黄河发源于青藏高原，离开甘肃，以宁夏为撇、内蒙古为横、山西陕西交界为竖、河南山东为横，在中国大地上走出了一个大大的"几"字弯。转弯不是停顿和倒退，转弯是积蓄力量，冲向下一个弯道，迎接下一次崛起。最近我读到《别离歌》，陈行甲在前言《诗意之外的离别》中借儿子之口，表达了自己保留着继续转弯的可能："阿鱼说，你既然喜欢用体育比赛来比喻人生，那为什么只能是足球？也可以是篮球啊！足球比赛只是上下半场，篮球比赛可是四节。你可以第一节读书从政，第二节做公益慈善，然后第三节成为一个作家，第四节做一个旅行家啊。那一次和阿鱼的深谈，我算是被年轻人提着壶灌了个顶。"

肖立在《在峡江的转弯处》序言《我的"奇葩"同学陈行甲》中面对老同学的"奇葩"之举曾发出灵魂拷问：是行甲变了，还是我们变了？或者是世界变了？抑或是人心变了？他说，世界岂止是变了，简直是一个日新月异的万花筒；人心在逐渐适应快速变化的世界，但思维和传统的惯性，使得人心紧跟却远赶不上时代的变化；我们中的大多数则慢慢远离自己的内心，变得世故和冷漠，有的人甚至迷失自我，堕落成为陈行甲们战斗的对象。唯一没有变的，就是陈行甲，他一直都是那个真诚、热情和阳光的年轻人。肖立在最后说："我愿行甲不再成为世人眼里的奇葩，我愿世间有更多的'行甲'。我希望我们的孩子可以像行甲一样追随内心，历尽千帆，归来仍是少年。"

历尽千帆，归来仍是少年，说起来简单，做起来何其难啊！每个人心中都曾有一个英雄梦，都曾为了这个梦想努力过，拼搏过，但随着慢慢长大，遭遇现实的击打，尝尽理想与现实的撕裂感，有的人选择妥协，为了眼前的苟且而迷失，成为油腻的利己主义者；有的人选择抗争，为了梦想四处碰壁、寸步难行，成为于事无补的愤世嫉俗者。纯粹的现实主义和理想主义都无法妥善抹平心中的撕裂感，不如做一个现实的理想主义者，或者理想的现实主义者，坚守初心，顺应时势，学着在转弯处转弯。希望我们在经历了人生的急流险滩，走在人生潮平岸阔时，还能够像歌曲里唱的那样："再回首，恍然如梦，再回首，我心依旧。"

在读书中发现自己

读书不能局限于一时一地，要努力让读书成为陪伴我们终身的习惯，在读书中发现自己，磨炼自己，放飞自己，超越自己，成为更好的自己。

罗曼·罗兰说："没有人是为了读书而读书，而是在书中读自己，在书中发现自己，或检查自己。"读书有三种境界，见众生，见世界，见自己。读书可以帮助我们思考，重塑自己的价值观，让我们更明白自己想成为一个什么样的人。

据2018年官方统计，我国人均纸质书阅读量4.67本，比往年增加了很多，然而要知道犹太人为64本。其实我们当中很多人可能达不到平均数，功利性阅读占据较大比例，真正读书的少之又少。

我的2019年，两件事贯穿始终，一是与县实验小学全体教师开展了一次谈心谈话；二是读书，这一年，我读了80多本。很多时候，读书和谈话是交叉的，谈话中交流读书体会，读书中生发出很多新的话题，总之，这一年，在忙碌中成长，在幸福中收获。谈话与读书的体会，可以借助四个关键词与大家分享。

命运

与尹先霞老师谈话后，她借给我几本小说，《一句顶一万句》《兄弟》《人生海海》。其实每一部长篇，都是在透过人物和事件反映社会生活和时代变迁，时代的一粒沙，落到一个人头上就是一座山，在时代的洪流中，人的命运实在很渺小。每读一部长篇，用一个周或者几个周的时间，感受一个人物一辈子的命运沉浮，都会从中受到感召，更加明晰自己的人生定位，从而坚定地前行。

《人生海海》的作者麦家，写《解密》用了11年，易稿17次，最终成书20万字，删改的内容至少四个"20万"。《人生海海》也是20万字，用了八年才写成。麦家有一段话，给我留下深刻印象："当世界变得日日新、天天快的时候，我要做一个旧的人，慢的人，为理想而执着的人。当众人都一路在往前冲杀的时候，我要独自靠边，以免被时代的洪流卷走；当一切都变得声色犬马令人眼花缭乱的时候，我要安于一个角落孤独地和寂寞战斗。"

文学创作，需要慢工出细活，教育又何尝不是一门慢的艺术呢，我们的老师十几年、几十年如一日，默默地奉献，认认真真地上课，备课，和孩子谈心交流……我在楼道里常看到老师斥责学生，我非常理解老师这种负责的态度和心情，但是教育是农业，需要等待，选择了教师的行当，就注定要慢下来，给孩子认识错误和失败的时间。面对快节奏的时代和家长要求，要坚守住初心，甚至要与孤独和寂寞战斗。

奋斗

一年来，我读了几个不同版本的曾国藩传记，其中张宏杰版有个副标题——一个持续奋斗者的升级之道，我觉得十分恰切。的确，曾国藩，没有显赫的家世，情商、智商都不高，从一个笨人到一个圣人，靠的是他"打脱牙和血吞"屡败屡战的挺字诀，每天坚持写日记修正自己过失的悔字诀。他靠着持之以恒的奋斗，在腐败的清朝官场，以一己之力曾引领了清流。作为教师，也当学习他这种精神，成为一个终身学习者。曾国藩在家书中写道：盖世人读书，第一要有志，第二要有识，第三要有恒，有志则不甘为下流，有识则知学问无尽，有恒则无不成之事。

与此同时，在教学中老师也要有意识地去向学生传递这种理念，培育学生终身学习的意识与能力，而不仅仅是把知识传授给学生。

远方

2019 年上学期，我与新招聘的老师谈话，有位老师给我推荐大冰的书。大冰原为山东卫视的主持人，每年都拿出时间独走川藏线、甘藏线，在拉萨、丽江街头弹唱、开酒吧，从 2013 年开始出书，《他们最幸福》《乖，摸摸头》《阿弥陀佛么么哒》，每一本书都畅销。在此之前我对畅销书是排斥的，硬着头皮读了几本，发现他笔下都是怀揣梦想，在时代洪流中敢于逆流而上的人的故事，大冰说他想要的生活，既可以朝九晚五，又可以浪迹天涯。

生活不只是眼前的苟且，还有诗和远方。诗和远方其实就是一种情怀，教育本身就是一项有情怀的事业。作为教师，我们应该始终保持一种激情，一种热爱，一种对教育的执着和追求，这就是教师的诗和远方。选择了做教师，要怀抱师者情怀，教育是良心买卖，要捧着一颗心来，不带半根草去。

成长

受刘玉宝老师影响，我读到陈鹤琴的《家庭教育》、洛克的《教育漫话》、杜威的《民主主义与教育》、武志红的《为何家会伤人》等书，最近，莘县实验高中赵华军老师的《玩转我的班》出版，他送了我十几本，我转给了几位喜欢读书的老师。华军老师把自己的工作历程分成几个阶段：做应试教育下传统的教师，五年写就《成长的足迹》；用学生分数证明了自己，三年写就《奋进考场》；发现非智力因素的重要，两年写就《聪明第二》。后来他发现这三本书都是从提高学生学习成绩出发，没有关注学生的感受，从教育的意义上来讲前三本书都是失败的。新出版的这本书是讲述了他在经常的教育反思中，与学生一起的成长。

无独有偶，教育专家万玮把他的工作历程分成五个阶段，即教知识、教方法、教状态、教人生、教自己。教知识、教方法、教状态，目标指向还是学生的学习成绩，只有当我们开始反思追问教育的终极价值，视野才真正打开，从关注学生的学习扩大到关注他们的兴趣、气质、品性，这个时候你就不是一个单纯的学科老师，而是一名真正的教育工作者。最高境界的教育不是单向的传授和灌输，而是相互的唤醒和点燃，这样教师就不仅是教，也是在学，教师自己终究要成为终身的学习者。

人生，就是一场自己与自己的较量。有些人愿意努力十年，来实现自己的梦想，而有些人，却连十天都坚持不了。生活难免遇到荆棘坎坷，但命运始终掌握在你自己手里。当你成不了心态的主人，就会沦为情绪的奴隶。成长，就是超越自己，成为更好的自己。选择了做教师，就要去身体力行，去影响，去感染，去熏陶。教师不是教别人，而是教自己。

命运即规律，奋斗即学习，远方即情怀，成长即超越。读书不能局限于一时一地，要努力让读书成为陪伴我们终身的习惯，在读书中发现自己，磨练自己，放飞自己，超越自己，成为更好的自己。

教育是一场温暖的修行

第五辑

　　生命的意义，不在于纸上，也不在于他人，在于每一段经验，在于每一个觉得活着真好的瞬间。

——赫尔曼·黑塞

我的教育朝圣

教育工作本身就是一场心灵的朝圣，用心灵唤醒心灵，用思想点燃思想。我常回忆挂职学习期间经历的事，遇到的人，后来又读到他们的著作，用心咀嚼其中滋味，对寿光教育同行的崇敬，对寿光教育生态的向往，不禁在内心涌动。

电影《冈仁波齐》记录了 11 位普通藏民，自发前往拉萨冈仁波齐神山朝圣的经历。他们双手合十举过头顶，停留喉间，安放胸口，匍匐下跪，五体投地，合掌起身，周而复始地重复单调动作，三步一叩首地前行。这是一种信仰，心无旁骛，至诚至坚，锲而不舍，无所畏惧，这种纯朴而持久的坚持，感人至深，这种无我而庄严的力量，令人敬畏。

有幸的是，在 2020 年，我有机会到寿光市教体局挂职学习，期间学习了寿光先进的教育经验，观摩了众多教育现场，也结识了很多良师益友。我把这段特殊的经历称为我的"教育朝圣"，这不是夸大和恭维，而是基于深入学习和思考的深刻认同和自觉信服。

寿光在历史上就是一座圣城，是"文圣"仓颉、"盐圣"夙沙氏、"农圣"贾思勰三圣故里；寿光的街道、公园多以三圣命名，很多学校也利用得天独厚的历史资源，把三圣文化引入教育教学中来，比如当你走进寿光圣城小学、圣城中学、三圣文化广场，有三圣的形象丰碑供人瞻仰，行走在校园，每一个擦肩而过的孩子都会向师长鞠躬行礼，师长也会微笑回礼。

正是有了厚重的文化积淀，寿光才会孕育催生出一批批有思想、有作为的好校长。有一次，寿光教科研中心杨振华主任陪我到圣城中学调研，齐永胜校长讲解三圣文化时，杨主任小声告诉我，还有一圣，就是他齐永胜。虽是一句玩笑话，但后来与齐校长接触多了，会发现，齐校长确实是一位让人钦佩的教育人。他常说校园要给孩子留下童年记忆，让孩子的梦想在这里起航，他的教育故事里饱含着情怀，他没架子、接地气，有思想，爱钻研，堪称新时代的"大先生"。和齐校长一样，圣城小学的韩高波校长正直、谦逊、儒雅、坦诚，用充满热情和温暖的教育实践，编织着教育故事。一个好校长就是一所好学校，在寿光学习期间，我接触了很多校长，他们都真心热爱教育事业，全身心投入教育工作，心甘情愿为之付出，我一直为这样的校长感动着，发自内心把他们当作自己学习的榜样。

"山东教育看潍坊，潍坊教育看寿光。"我曾到一处农村小学调研，校门外就是大片的蔬菜大棚，农民们热火朝天地忙活，与他们交流，他们说，蔬菜是寿光的品牌，教育也是寿光的品牌，砸了哪个牌子，我们都不会愿意。高中教学视导中，我曾在寿光中学看到一幅照片，是寿光中学杰出校友、中国工程院院士肖龙旭回母校交流时的留影，照片上院士站在中间，校长站在他左侧，旁边分立市委书记和教育局局长；我还听说，你如果打车，说去一中或者现代中学，出租车司机一般会问你是不是老师，如果是他很有可能不要你的钱……这些是寿光教育生态的缩影。在寿光，政府重视教育，社会关注教育，家长信任教育，与教育工作者一道用心经营着教育，教育生态良好，群众对教育满意度高。

"教育均衡发展"由寿光首创，成为全国教育发展的典范。均衡发展的同时，寿光致力于推进教育现代化建设，1997 年，市委市政府出台《实施"跨世纪教育现代化工程"的决定》；2000 年，市教育局组织"万名教师学电脑"活动；2015 年，市教育局与中国教科院合作建设教育综合改革实验区；2019 年，中国教科院认定寿光教育现代化发展水平达到预期目标，为全国县域教育现代化的推进提供了范式，寿光成为县域教育现代化的领跑者。

挂职虽已结束，但"莘县—寿光教育协作"正进一步深化，这一年间，"五会课堂""全科阅读""学教评一致性教学研究""人文童子功"等一些寿光先进教学经验在莘县大地悄然落地。特别是 2021 年 11 月下旬，寿光 13 位名师送教活动后，一些一线教师给我发信息，表达对活动的认可和赞叹，说这次活动给他们的思想带来巨大冲击，让他们切身感受到寿光教研的扎实有效，为他们的课堂教学提供了思路，指明了方向。目前，学习寿光，在莘县教学一线正蔚然成风。

教育工作本身就是一场心灵的朝圣，用心灵唤醒心灵，用思想点燃思想。我常回忆挂职学习期间经历的事，遇到的人，后来又读到他们的著作，用心咀嚼其中滋味，对寿光教育同行的崇敬，对寿光教育生态的向往，不禁在内心涌动。感恩领导，给我这次珍贵的学习机会；感恩当时和现在那个如朝圣者一样坚持努力的自己，没有虚度每一寸学习时光。因为朝圣我收获了成长，也想把这种成长分享给更多人，把一个人的教育朝圣，变成千百人的教育朝圣，带动一个地方的教育实现突破和发展。前路漫漫，曲折坎坷何其多，但相信光明在前，初心在胸中，即使慢，驰而不息，也一定能够到达我们向往的教育圣地。

奔赴教育的"向云端"

教育是磨炼勇敢的自己，成就自由的自己，觉察生活的自己，回归最初的自己。教育的"向云端"，同山海一样神秘且美好，值得我们竭尽全力去追寻，穷极一生去奔赴。

2023 年 4 月，中陶会农村教育实验专委会理事会在福建省霞浦县召开，汤勇理事长邀我参会。此前，我未到过福建，对霞浦更是知之甚少，所以霞浦之行对于我是新鲜而美好的。会后，我们考察了两所学校，其中一所乡村小学给我留下深刻印象，这所学校就是牙城镇中心小学。校长吴仙云是一位有情怀、爱学习、善思考的好校长，汤勇理事长称他"霞浦陶子"。我与吴校长相识后，常微信交流，相互学习，彼此照亮，成为志同道合的朋友，虽天各一方，却心意相通，为着共同的理想，做着共同的事业。

霞浦之行后，一首《向云端》曾一度火遍全网。"向云端，山那边，海里面……"空灵动听的曲调，宁静悠扬的歌词，唤醒了人们对诗与远方的向往。一时间，各地争相以它为背景音乐，推介当地治愈心灵的美景和人间烟火。我不知道这首歌的作者是在何处，看到什么样的风景，写下这样的歌。但我确信，在每个人的心里都有一个"向云端"的地方，蔚蓝的天空、洁白的云朵、连绵的山峦、无尽的大海，让人魂牵梦绕，痴痴牵挂。

我也常扪心自问，我的"向云端"在哪里？未到过霞浦前，我并不确定，但到过霞浦，我确信这里就是我的诗和远方，我的"向云端"。霞浦之行前我读蔡崇达的《皮囊》和《命运》，被书中闽南人"爱拼敢赢"的精神打动，被闽南滨海小镇厚重的文化气息吸引。有人说两本书的畅销是闽南文化的畅销，闽南文化的畅销则是中华传统文化的畅销。霞浦虽不属闽南，但在语言和文化上与闽南地区有着紧密的联系，所以我是怀着朝圣的心情去那里的。霞浦历史悠久，人文荟萃，有"闽浙要冲""鱼米之乡""海滨邹鲁"的美誉，有诗意的山海和美食，也有诗意的学校和教育人。优美的自然环境和良好的教育生态，让我恋恋不舍，念念不忘。

会议期间，我随中陶会农村教育实验专委会的专家到牙城镇中心小学考察交流。学校距离县城较远，周围是紧凑的居民楼，在校生有一千八百多名，山区的学校面积都不大，可见这是一所名副其实的家门口的好学校。进入校门，两个吉祥娃娃迎接大家，吴校长介绍说这是学校吉祥物：蓝色娃娃"善善"是女生，名字取自校训"读书积善"，象征恬静智慧，头顶浪花是指海滨学校，枫叶代表地域文化；黄色娃娃"贝贝"是男生，名字取自"贝贝足球"，象征活泼热情，彰显学校的足球特色。

走进牙城镇中心小学，"善文化"赫然醒目。智善楼、积善楼、扬善楼错落有致，诗苑、连廊、花园浸润书香，处处皆育人。进入智善楼的大厅，迎面写着校训"读书积善"，勉励学生从身边的小事做起，通过读书实现知善、乐善、扬善，成为崇德向善的人。东墙上是教师风采栏，展示学校优秀的教师团队，上边写着陶行知先生名言："在教师手里操着幼年人的命运，便是操着民族和人类的命运。"西墙上是学校文化体系，校训、校徽、校歌。最引人注目的是学校的办学理念：以读书积善为办学主张，以立德树人为根本任务，培养德智体美劳全面发展的社会主义建设者和接班人。

大厅里还有一块"大地的女儿——叶玉琳诗歌会"的图板。叶玉琳是当地著名诗人，《大地的女儿》是她的代表作，据了解，学校刚刚举办完叶玉琳诗歌朗诵会。霞浦是"中国诗歌之乡"，在牙城镇中心小学整个校园里都弥漫着诗意，教室、楼道的橱窗里张贴着师生诗作，书香氤氲。学校建立"杨家溪文苑微刊""枫香林文学社""枫林声朗诵栏目"等平台，读写融合，弘扬优秀传统文化，培养师生读写习惯。在诗歌校园建设上，我和吴校长有共同的理解，诗歌教育也成为我们交流的焦点。

校长应当是学校文化的引领者，而课程是学校文化落地的载体，由此，课程领导力是一位好校长的必备品质。牙城镇中心小学以"读书积善"校训为核心，以发展学生体育、艺术特长为两翼，建构出"1＋N"的课程体系。学校统一设置项目，艺术方面，人人要会吹竖笛；体育方面，人人要会跳绳。然后学生再根据潜能选修其他项目，学校设有 50 多个社团，师生全员参与。在学校的文化墙上，记录着牙校学生参加省、市、县各级各类比赛取得的荣誉。这里每年都举办学校足球联赛，是教育部认定的"全国青少年足球特色学校"。

那次活动，还有一件事给我留下深刻的印象。按照活动程序，参观结束，我们要在操场参加全体师生的读书节汇演活动。当大家穿过智善楼和积善楼的连廊，发现操场早已站满了等候的学生，他们向我们挥手致意，并用掌声欢迎我们。我们快走几步，赶紧找到座位坐好。那天的节目震撼人心：千人齐奏葫芦丝、师生诗歌朗诵、课本剧表演，还有吴校长深情的发言。活动结束赶上放学，校门口挤满了家长，大巴车出不去，我们索性和老师们一道目送同学们放学，他们纷纷向我们挥手道别，脸上洋溢着幸福的笑容。一直到现在，我还记得那些笑脸，那是刻在我记忆里牙城镇中心小学的样子。

这是一次幸福的等待。进学校时，同学们提前在操场等候我们入场；放学时，我们在校门口等候同学们离校。教育不就是一场幸福的等待吗？作家杏林子说："一粒貌不惊人的种子，往往隐藏着一个花季的灿烂，一条丑陋的毛毛虫，可能会蜕变为一只五色斑斓的彩蝶。"做教育，不能急功近利，心浮气躁，慢工出细活，要让孩子在专注和勤奋的磨砺中，享受过程的幸福和快乐；做教育，不能花拳绣腿，表面文章，要用细心的呵护和耐心的陪伴，走进孩子的心灵，倾听花开的声音；做教育，不能一蹴而就，拔苗助长，要放手而不撒手，创造机会让孩子尝试，期待他们在各自的花期绽放。

2024 年 3 月的理事会上，我再次与吴校长见面。他引荐我认识了许多新朋友，向他们介绍我的一些教育实践——农村小学校长论坛、"是光"诗歌项目、"对分课堂"改革，竟然讲得头头是道。遥远的闽北海滨有一位朋友时刻关注着我，荣幸之余也让我倍感压力。我当然也时刻关注着他。5 月，霞浦县陶行知研究会选举大会召开，中陶会和省市陶研会领导到会指导，会议选举他为霞浦县陶研会首届会长。看到消息，我感到由衷的欣喜，立刻给他发信息：感恩仙云兄，祝贺仙云兄，让陶行知教育思想在拥有中国最美海岸线的霞浦县落地生根。

霞浦之行紧凑而充实，我们只能在随行的车上一睹霞浦的山海风光。霞浦号称"中国最美的地方""世界上最美的滩涂"，四季潮汐，落日余晖，天光云影，如梦似幻。在《向云端》里，向云端，是最初的自己；山那边，是勇敢的自己；海里面，是自由的自己；日落间，是生活的自己。人生就是不断从此岸到彼岸，再回到此岸的过程。教育亦是如此，磨炼勇敢的自己，成就自由的自己，觉察生活的自己，回归最初的自己。教育的"向云端"，同山海一样神秘且美好，值得我们竭尽全力去追寻，穷极一生去奔赴。

教育是一场温暖的修行

教育是付出的事业，但每一分付出，都为孩子种下一颗温暖的种子；教育也是收获的事业，用爱播撒爱，用爱收获爱。教育是世界上最温暖人心的事业，感恩今生有幸从事教育，可以在付出中收获，在温暖中前行。

教育家蔡元培先生说："教育者，非为已往，非为现在，而专为将来。"教育不同于其他行业，教育的本质就是用细节的积累和点滴的浸润，为日后点亮一盏指引心灵成长的烛光，唯有久久为功，持之以恒，才能积微成著。教育就是这样一项特殊的事业，给人以温暖与希望；教育也是教育者辛苦而幸福的修行，用坚持和追求去释放教育热情，去实现教育价值，去拥抱教育理想。

01

我曾在谷瞳小学听过一节"是光"诗歌课——白玲老师执教《开在云端的小卖部》，她用图片和范诗引导学生，调动孩子的听觉、视觉和触觉，多角度打开思路，激发想象力，课堂上学生迸发的创意火花让人惊叹。"我要把向往卖给蒲公英，即使不能扬帆远航，也会充满希望。"这是留守儿童的诗。"我要把安眠药卖给伤心，那样的话，就每日都能开心。"童年的世界也有伤心，但对开心的日子念念不忘。"我要把曾经送给奶奶，这样的话，奶奶就不会变老，不会有疾病。"字里行间饱含孩子对奶奶的爱——感受到爱，就会付出爱。白玲老师诗意的启发，让善良和美好直抵孩子的心灵。

作为一位英语教师，白玲老师教诗歌从来不照本宣科，而是让自己走进孩子的心灵，去照亮孩子心灵最暗淡的那个部分，她总能不拘泥于课程，结合实际，创生出新的思路。央视《追光者》栏目在我县选取诗歌教师访谈对象时，我推荐过白玲。最近中国教师报的褚清源主任准备来莘县做诗歌教师专访，我再次推荐了白玲。

教育没有情感，没有爱，就如同池塘没有水。教育不仅仅是传授知识，还要启迪智慧，点化生命，触摸学生的心灵，从而触及教育的本质。期待在富饶广袤的乡村土地，涌现更多白玲这样的老师，让这些微光照亮乡村的孩子，照亮乡村的未来。

02

我认识这样一位乡村教师，2001 年中师毕业被分配到乡村初中工作，一干就是 24 年。学校工作千头万绪，他勇挑重担，最多的时候，同时担任学校团委书记、政教主任、年级主任和初三班主任，同时执教初三四个班的语文课，初二两个班的语文课。以一当十，在他的引领下，这所成绩平平的偏远乡村初中，语文学科教学成绩一直在全县名列前茅。面对市县学校抛出的橄榄枝，他不为所动，坚守在乡村，培养了一批批优秀学子，他个人也收获齐鲁名师、山东省教育专家、山东省优质课教师、聊城市教书育人楷模、莘县最美乡村教师等一个个荣誉，他就是莘县古城镇中心初中教师李新生。

与他认识之前，我曾怀疑过，乡村学校真的有这样优秀的教师？后来与他相识相交，我的怀疑被彻底击碎。十几年间，他始终如初，坚守在那方教育田。用李新生自己的话说，他深知自己的根在农村，是农村学校培养了他，农村的孩子更需要他。扎根农村、甘于付出，源于他对教育的热爱，热爱教学，热爱学生，热爱学校，扎根农村教育，他无怨无悔无憾。

有人说做教育有三种境界：职业、事业、志业。职业指向生存，事业指向发展，志业指向幸福。教育者追求教育理想的过程，也是获得志业幸福的过程。坚守乡村教育，拥有教育幸福，需要强大的内心力量、执着向上的精神、对教育深沉的热爱和不弃不舍。乡村教育，需要乡村教师扎根，像李新生这样的老师越多，我们的乡村教育就会越好。

03

莘县大王寨镇余庄小学是一所偏远乡村小学，2017 年这里曾因为生源外流，一度停办闲置。2022 年，经中心校领导班子慎重考虑，决定恢复招生，派在余庄有声望的江佃华老师和贺燕飞老师来执教。江老师临近退休，在余庄小学执教三十几年，停办后到了另一所小学，这次他主动请缨回来，他把青春奉献给了余庄小学，也希望在这里退休。贺老师是江老师的学生，大学毕业后考到大王寨镇中心小学，她工作认真，好学上进，已是负责全镇数学教研工作的教研员，在她的引领下，大王寨镇的数学团队在全县各类教学活动中成绩优异。

两位老师，一所学校，重启之路的艰难可想而知。他们走访学生家庭，召开家长会，广泛征求意见，耐心答疑解惑，表达办好家门口学校的决心。9 月 1 日开学，一年级 23 名新生，幼儿园 12 名新生，共计 35 名学生的学校成立了。我专程去了学校，操场上江老师正在上体育课，他虽头发全白，但基本功扎实，一丝不苟又和蔼可亲，孩子们都乐意听他指挥。贺老师自费网购了不少适合低年级阅读的绘本，她是一位用心的管理者，小小的学校，课程开设齐全，还开设了五子棋、剪纸、跳绳、篮球等特色社团。学生综合素养位于全镇前列，赢得了家长们良好的口碑。贺老师告诉我，学校恢复招生的第二年，全校学生已经达到130多人。

教育者应恪守一份教育信仰。信仰即"信而仰之"，"信"即坚信一种精神目标，"仰"即仰望一种人生追求，信仰驱动教育行动和教育行为。用心办好家门口的学校，秉持这样的教育信仰，勇于担当、积极进取，坚持干好自己能干的事，最终受益的是学校，是学生，当然还有自己。

作家冰心说过：爱在左，情在右，在生命的两旁，随时撒种，随时开花，将这一径长途，点缀得花香弥漫，使穿枝拂叶的行人，踏着荆棘，不觉得痛苦，有泪可挥，却不是悲凉！教育是一场爱与被爱的双向奔赴，只要你付出爱，就一定收获精彩。一节课，一个人，一所学校，背后是永葆初心、不负使命的教育人。有什么样的教师，就有什么样的教育。与这些教师交流，我感动着，收获着。

教育是一场温暖的修行，教师要追求专业素养，更要秉承人文关怀，教师对学生真挚而朴素的爱，犹如一盏小橘灯，会照亮孩子的道路，温暖孩子的一生。教育是付出的事业，但每一分付出，都为孩子种下一颗温暖的种子；教育也是收获的事业，用爱播撒爱，用爱收获爱。教育是世界上最温暖人心的事业，感恩今生有幸从事教育，可以在付出中收获，在温暖中前行。

倾听心灵的对话

　　在奔跑的路上，有时不妨停下片刻，静静回忆过去，思考未来，倾听自己与自己的心灵对话，感受生活的赐予和幸福的真谛，用心享受奋斗的喜悦和生命的精彩。

　　曾子有三问："吾日三省吾身：为人谋而不忠乎？与朋友交而不信乎？传不习乎？"古希腊哲学家柏拉图也有三问："我是谁？""我从哪里来？""我到哪里去？"这些穿越时光的自我问话，至今仍触动心灵而熠熠生辉。常与自己进行心灵的对话，明白自己的需求与目标，固守心底的本真，一个人会始终热情如火，纯粹如婴。

　　2008年春天，单位选派我到一处偏远乡镇初中挂职锻炼。全县初中以点带面推进课堂教学改革，这是四所实验校之一。到岗后，我迅速融入团队，工作围绕课改、制度规范和文化建设展开，半年间，"年级负责级部管理"管理模式、"生生课代表，师师科主任"育人制度、"三级督导和千分制考核"评价制度相继落地，校园环境得到改善，学校文化逐步形成，办学活力得以激发……那时的自己年轻有朝气，感觉一切都是新鲜的，与师生工作生活在一起，时光充实且悠长。忘不了研讨学校制度和文化建设熬夜到很晚，忘不了实施平行分班与学生逐个谈话，忘不了与几位年轻教师一起搭伙做饭……几年后一天清晨下乡调研，路经东环大桥，往日记忆又浮上心头，当年每周一清晨在大桥上等车去偏远小镇，车程40公里，汽车很慢，路很颠簸，还中途进站，那是一段心存热望又享受初心的路。

2012年是县委确定的基层组织建设年，我和单位一位领导被选派到距城区20公里的农村，他是第一书记，我是助理。驻村第一天我们就走街串户，与群众拉家常熟悉村情，梳理问题。然后积极向镇党委政府汇报，跟相关部门联系协调解决。农村一线工作，让我深切感受到什么叫"上边千条线，下边一根针"，急难险重任务接踵而至，基层干部既得是工作的多面手，还要当群众的知心人，真的是非常辛苦。当年挂职期间结识的一些朋友，有的走上了领导岗位，有的还在农村工作或务农，十年间变化很大，但有幸的是，我们同甘苦的情谊没有变。

2013年，组织派我到莘县二中挂职副校长。当年的二中刚由乡镇搬迁到城区，租借校舍办学，面临招生等诸多压力，一度面临撤并。周西政校长带领全体教职工，大胆改革，锐意创新，创造了一个又一个教育奇迹。那段时间，我与老师们站在一起，深知二中老师的不易，他们任劳任怨，付出着艰辛，承担着重压，校内外都是他们奋斗的身影。在此期间，我曾向学校提议并参与策划第一届毕业生的毕业典礼，后来这项活动成为二中的常规动作；我还参与了全员育人导师制、一五三课堂系列教育教学改革的规划和实践。值得欣喜的是，一项项省级改革成果殊荣花落莘县二中，学校成为远近闻名的教育改革名校。回想起那段激情燃烧的岁月，我仍心潮澎湃，二中人脚踏实地的作风和务实创新的精神，让我终身受用。

2018年8月，我调任县实验小学纪委书记。与母校阔别近三十年，归来已不是少年。作为纪委书记，怎么为老师们服务？在学习和调研后，我们开启了谈心谈话活动，从干部到教师，到后勤，全员参与，这项活动一直持续到我离开。开始我找老师们谈，后来老师们主动与我分享，我力所能及地帮他们解决一些小问题，解决不了的提报学校。谈心谈话是调查研究，是学习启迪，是思想碰撞，是心灵交流，让老师们接纳我，让我融入学校大家庭。制作主题快闪、重启师生运动会、走进单位和社区研学、搭建阅读交流平台……谈话中，工作思路得到拓展，与老师们成为朋友。忙时不慌乱，闲时不荒废，学习着，服务着，收获着，我竟然在一个相对陌生的工作岗位上做出了点滴成绩。

2020年9月12日，局领导一行送我们到寿光挂职，寿光市教体局接待室内简短的见面会后，他们便要离开。临行前我们握手道别，我目送车子渐行渐远。这临别的握手，让我深感肩上沉甸甸的使命和责任。初来乍到，被一种莫名的孤独包围，我想起一首唐诗："寒雨连江夜入吴，平明送客楚山孤。洛阳亲友如相问，一片冰心在玉壶。"诗人王昌龄仕途多舛，屡遭贬谪，一生颠沛流离，此诗便作于他被贬江宁之时。此刻，我与千年前的诗人，虽境遇迥异，却也心有戚戚。熟悉新的单位和同事，安排临时支部的学习和生活，让自己尽快适应挂职工作与生活，我紧张地忙碌着，经历着，收获着。

站在办公室窗前向外张望，可以看到穿城而过的弥河，车水马龙的圣城街，草木葱茏的清风园，远处隐约可见山影。十年前我曾到这里出差，十年后与寿光再续前缘，时间是严肃的，不会因你的心情变化而停留；时间是公平的，凡是经历，必有收获。这么多年跌跌撞撞走来，工作之余，多了一分自我审视与反思。

跑步到极限，躺在操场上，让提速的心跳平复下来，感受放空一切的释然；走在上班的林阴路上，听耳机里熟悉的歌，拥抱清晨的新鲜与自然；独坐书店或图书馆的一角，读一本书，邂逅久违的心动与悠然；

在学校听课，与老师们交流，思想和智慧碰撞，享受醍醐灌顶的豁然；他乡结识新朋友，一杯茶，一段路，体会相见恨晚的盎然；夕阳下，弥河边漫步，与自己对话，理清思路，明确目标，坦然奋力向前……

千般经历，必是成长。在奔跑的路上，有时不妨停下片刻，静静回忆过去，思考未来，抛弃一切定理与成见，叩问自己的内心，倾听自己与自己的心灵对话，感受生活的赐予和幸福的真谛，用心享受奋斗的喜悦和生命的精彩。

遇见书店，遇见自己

　　我到过的城市实在是不多，进过的书店更是少之又少，但每到一座城市，在夜晚的街巷走一走，偶遇一家精致的书店，我总会想，这该是一位有着什么样的情怀和信仰的人在编织自己的梦啊，让往来的旅人感到恬静、诗意和温暖。

　　"和我在成都的街头走一走，直到所有的灯都熄灭了也不停留……"赵雷的《成都》句句敲打在心坎上，让人产生无限共鸣。我坚信，对一个城市从陌生到熟悉，必有的过程，就是在她的街头走一走，在充斥着烟火气的街巷里走一走。又最好是在晚上，头顶星空和昏黄的路灯，脚踏婆娑的月光和树影，偶遇一家书店，邂逅一个自己，体味一种生活。

　　有一年，我到苏州，晚饭后到平江路闲逛，这是一片沿河而建的老街区，唐代诗人杜荀鹤写道："君到姑苏见，人家尽枕河。古宫闲地少，水港小桥多。"街头的平江图记录着历史的风貌，如今这里依旧保留着千年前的格局。每个人心中都有一个属于自己的江南，烟柳画栏、青石雨巷、小桥流水、才子佳人……但我总认为，平江路囊括了江南所有的意象，这里是所有人的江南。

　　夜晚的平江路热闹却不嘈杂，躲在街边的小店大都朴素低调，文艺清新。在一个街角我偶遇"猫的天空之城"书店，单是门口的一张旧连椅就让你思绪万千，吸引你推门进去。书店依托老式的建筑又不破坏它的架构，畅销的书籍和个性的杂志，精美有趣的各色小杂物有序摆放。可以一个人坐在角落，看手绘的姑苏地图，在一个小点上暂时停留，想自己走过的路、遇见的人和看过的风景；可以把用过的车票贴在墙上，与那些流浪的、漂泊的心灵相遇；可以写下深藏于心而不可言说的话语，选一张让你心动的明信片，寄给惺惺相惜的人，或者未来的自己；可以读一本书，听一段音乐，品一杯咖啡，静下来想一个人想一件事……看到"猫的天空之城"的宣传语"一家书店温暖一座城市"，我想到一个农民工，一句"万般不舍""余生永不忘你"，让一个图书馆演绎"一座城留住一个人"的温暖剧情。从阅读出发，打开心灵的窗户，一家小小的书店，就足可以感动一个人，温暖一座城市了。

如果说"猫的天空之城"偏于小众小清新，我见过的另一类书店，则会勾起大众的怀旧情结。

有一年，我到北京，晚饭后慕名寻找一家书店。循着百度地图，穿过熙攘的大街，进入一片沉寂的旧厂区，我实在不敢相信荒郊里会有一家网红书店，直到遇见三三两两走出来的学生，上前打听后才在心中确认。"全民畅读"书店，就深藏在一间大厂房里，店主不忘就地取材，车间的旧式电灯、生锈的车床吊钩、废弃闲置的生产设备和家具、砖墙上"安全工作要从严，重视科学不冒险"的旧标语为书店增添了浓浓的时代气息，仿佛时空穿梭到大炼钢铁的时代。老式的点唱机、破碎的旧唱片、黑白电视机、缝纫机、收音机……满眼的古董和书籍，加上点缀的绿植和别出心裁的设计，让人怀旧情结油然而生。三层的廊桥下有一个相对独立的阶梯空间，可以开沙龙、办展览、放电影，简直一个小型的剧场。"全民畅读"，以它厚重的时代感和流行的时尚元素，让你沉醉于美好的回忆中，浸润在温馨的书香里。

最近，我到安阳，在华灯初上的仓巷街头，偶遇"甲乙丁"书店，这是一处旧式小院落，斑驳的青砖灰瓦土墙、栽满绿植的庭院、三间正房改造成的读书室勾勒了它的模样。西厢房是书房和吧台，在这里可以选喜欢的书，点美味的餐饮。小院里每一面墙都写满了名言，其中赫尔曼·黑塞的一句话吸引了我："每个人的生命都是一条通向自我的征途，是对一条道路的尝试，是一条小径的悄然召唤，觉醒的人只有一项义务，找到自我，固守自我，沿着自己的路向前走，不管它通向哪里。"我驻足良久，深以为然，感叹书店的主人寻找自我、固守自我的毅然决然。我扫荡似的看完每一个角落，用相机把眼前的美好珍藏起来。小时候我曾住过几乎一样的小院子，时间在这一刻仿佛静止，我又找回了时光深处的自己，和童年的真实与美好。

天之涯，地之角，知交半零落。诗人海子说："有些人，爱过甚至是遇到过，就是一种幸福，即使不联系，也是一辈子的牵挂。"我想，无论是在繁华的闹市，还是在偏远的郊野，一家小书店，就是你的一位老友，无论何时何地相见，都是一种幸福，当你和它分离，又会多一份牵挂。

我到过的城市实在是不多，看过的书店更是少之又少，但每到一座城市，在夜晚的街巷走一走，偶遇一家精致的书店，我总会想，这该是一位有着什么样的情怀和信仰的人在编织自己的梦啊，让往来的旅人感到恬静、诗意和温暖。

遇见一家小书店，遇见自己。

静下来的时候，我在同里

那间小客栈外出旅行的老板，那个咖啡馆内读书的女孩，让我感动，又让我羡慕。真想多一些静下来的时间，去读一本书，去走一段路，去想一个人，去反省自己。

第一次听到大乔小乔的《静下来》，是在一个燥热的午后，我正躲在同里古镇三桥旁的"猫的天空之城"书店里。店面很小，却不缺供游人歇脚的桌凳，我随手拉一把椅子，坐在窗前，看绵延的水街、河岸的垂柳、树下闲坐的老人、街上匆匆的过客，这间小店如同镶嵌在项链上的一颗珍珠，在河道纵横的古镇里显得既明显又自然。

让我一下子融入古镇的纯净中的，是书店里播放的一首歌，纯朴的吉他，悠扬的口琴，年轻的女声，充满磁性的男声，在暑期慵懒的下午，像一杯凉茶，沁人心脾。静下来，反省自己，静下来，想一个人，静下来的时候，无非这两件事吧。

我当然不忍错过这样的歌，用手机记下两句歌词，就将整个身心都投入音乐，忘掉了我身在一家小书店，忘掉了我在古镇水乡，仿佛灵魂超脱出肉体，独享这一份安静。当然，安静的前提是孤独，是一个人想一些话，走一段路，看一本书，如果有人在你身边，你就要顾念他，迁就他，又如何安静呢？

　　所以，在清晨与傍晚，我选择了在古镇里独行，戴上耳机，让那一首《静下来》的旋律占据自己的整个脑海，由此我开始懂得张国荣为何不忍离开这里的退思园。爱情故事里的珍珠塔，晨曦里泛着涟漪的同里湖，错综的河道和街巷，富商大贾的宅院与厅堂，一切的一切，都不因你来或不来而改变，改变的或许只有你浮躁的心。彼时我只想，让心灵沉入同里的泥土，感受它千百年的体温和脉搏，抛开一切干扰，享受真实的孤独。

　　我走到耕乐堂旁河边的凉亭小憩，抬头看见对面摆着一排花盆，每朵花都像是刚喷过水，湿漉漉的，绽开笑脸迎接你，它们引着我走进小院，然而不巧的是，大门紧锁，上写几个字："请假条，主人外出旅行，暂停营业两周。"这间客栈原是明代著名造园家计成的旧居，所以取"计筑"为名。我由衷地艳羡客栈老板，在天下熙熙皆为利来，天下攘攘皆为利往的当下，他不计功利，毅然进行一场说走就走的旅行，多么自由，多么可爱。

　　当晚，我住在了一家枕在河边的客栈，对岸是一家咖啡馆，用了计成的造园著作"园冶"的名字。我坐在楼下与老板聊天，他指给我看对岸咖啡馆的小躺椅，上面悠闲地坐着一个女孩，抱着一本书，好像周围所有的精致与喧嚣都与她无关，又都融在她内心，老板说，这个女孩每天在这里看书，已经一周了……

　　我在同里仅待了两天时间，便匆匆离开了，回程的途中，我遥望古镇的方向，那间小客栈外出旅行的老板，那个咖啡馆内读书的女孩，让我感动，又让我羡慕。真想多一些静下来的时间，去读一本书，去走一段路，去想一个人，去反省自己。

他改变了我

道不远人，德必有邻，文以载道，亦能化人，由此来看，闭门造一篇小文，于己是一种学习，于读者亦算是一种服务吧。

小文《虎跑印象》有幸获山石榴星光文学奖，遗憾没能参加颁奖典礼，虽是个地方民间文学平台的奖项，仍感到诚惶诚恐。因为我未受过专业文学训练，读书又甚少，拿出门的文章更是屈指可数，与著作等身的作家比，至多算个作者吧。作者也不敢当，读书时他们在语文考试中都是这样出现的：本文表达了作者什么思想感情？《红楼梦》的作者是谁……所以作者的称呼之于我也是高山仰止，难以企及的。

我2006年开始写博客，那时的文章现在看来幼稚可笑，不值一提。2008年开启研究生生活，导师开会总命我写通讯或综述，第一次发表拿到稿费，老师关切地问我，稿费拿到了吗？我说，拿到了。老师说，没把汇款单复印下来纪念一下吗？我说，15块钱，吃顿水饺就没了。老师教训道，你以为写文章能挣很多钱吗？……几年后，我的一篇短文获奖，奖金100元，够一家三口吃顿水饺了。

过不惑之年，年岁虚长，了无成就，朋友倒是有一些，所以对小文的捧场点赞、溢美之词，大都出自兄弟姊妹感情，顾不上读文章看到我名字就点赞者有之，当然也有闲的真拿来读一读的，甚至有共鸣者长篇大论一番，字数几乎超过原文。更有会夸者，说书香门第，诗书继世，忠厚传家。这话是夸张，但穴位点得准，我不得不承认，假使我写得真的"还行"，那多半确是受了父亲的影响。

我未学过所谓文学，但父亲是科班出身，教过大学中文系，是小有影响的旧体诗人。他的一位同窗好友给我讲过一个段子，当年他二人风华正茂，东昌湖畔小酌，酒逢知己，意气风发，指点江山，一人文采斐然，一人诗风清雅，各有所长且互相拜服，父亲说，你就是未来的茅盾，对方说，你就是未来的郭沫若。父亲早期的诗作偏自由，后来转向格律，父亲终没能成郭沫若，他的读者在大唐，现今喜旧体诗者少之又少，但他仍不改其乐，笔耕不辍，且硕果不断。

父亲一直坚持学习和写作，每天手不释卷，读书时间很长，经常看着书入睡，醒来第一件事也是摸来枕边的书本翻看。一次我陪他登琅琊山醉翁亭，中途坐在亭内休息，他四下翻找发现忘了带笔，便命我去买，我转了一圈也没找到，回来得知他是有一些灵感要记录下来，我便教他用手机录音记录，后来我发现他的手机里这样的录音上百条。父亲退休以后，仍有工作要忙，被请去修史志、编刊物、讲诗词，他认真负责的为学态度深深影响着我。

父亲的藏书丰厚，给我的成长提供了丰富的营养。我曾写过一篇小文，记述读书时最爱泡图书馆，但离开校园回到家乡，独坐这间狭小的书房，突然发现，对我影响最大的不是图书馆，而是这间小书房。父亲喜欢买书，外出总要抽时间逛书店，他的书橱里常有更新，每翻一遍总有新的收获。父亲的书文学类居多，历史、哲学、地理等也有涉猎，这些书我随时可取，有的从小到大读过好几遍，好友中有见父亲藏书者均羡慕不已。

从小父亲常教育我，学贵力行，经世致用，治学和为人处世从来就是一件事。我茫然不解，现在才明白，儒家讲修齐治平，知行合一，父亲无疑是坚定的执行者，他治学严谨认真，为人正直谦和，处事公道正派，工作兢兢业业。退休以后，父亲散步常有陌生人上前寒暄，母亲说父亲在职时帮助人不遗余力，重义轻利，不计得失，落得个好人缘。我原不以为意，参加工作后每与人交往，凡接触过父亲者均赞赏有加，我把这当成一种压力，一种鞭策，自己必须以父亲为榜样，才对得起他的好名声。

孟子曰："穷则独善其身，达则兼济天下。"按我的理解，没机会出来做事就好好向人学习，有机会出来做事就好好为人服务。道不远人，德必有邻，文以载道，亦能化人，由此来看，闭门造一篇小文，于己是一种学习，于读者亦算是一种服务吧。

写在女儿的百天

人能如一潭清水，波澜不惊，澄澈见底，又能心静如常，永葆婴儿般的纯洁天真，这不就是我们向往的归宿吗？

有段时间我常做一个梦，牵着女儿的手，走在沙滩上，我们这么走着，相互没有话，走了很远，回头看，一串大大小小的脚印，一直延伸到望不见的远方。这次梦醒，迎接我的是新年的第一缕阳光，与往年不同，我们俩终于修成了我们仨。我曾无比羡慕杨绛先生他们仨的幸福，直到有了自己的女儿，我才切实体会到这种幸福，简单却实在，平凡而动人。

杨绛先生在《我们仨》中说："我们这个家，很朴素；我们三个人，很单纯。我们与世无求，与人无争，只求相聚在一起，相守在一起，各自做力所能及的事。碰到困难，锺书总和我一同承当，困难就不复困难；还有个阿瑗相伴相助，不论什么苦涩艰辛的事，都能变得甜润。我们稍有一点快乐，也会变得非常快乐。"他们仨的故事没有跌宕起伏，亦无大悲大喜，苦涩与艰辛在她笔下有如家常便饭般平常，生活平淡无奇在她却充满着乐趣，他们仨在或曾经在过，就是世上最大的幸福。

女儿出生已过一百天，这段时间陪伴她成长，是我最欣慰的事。以百天计算不如按年月算得清楚，但粗略算一算，人的一生至多三百多个百天吧。女儿的第一个百天，是熟悉和适应新世界的阶段，与之相比我35岁了，经历100多个百天了，能算得上熟悉和适应这个世界了吗？当然算不上。人一生都在不断地熟悉和适应着这个世界，即使到了终点，谁又能说真正熟悉和适应它了呢？

翻译家许渊冲先生说，生命不在于你活了多少日子，而在于你记住了多少日子。尽管与女儿形影不离的这一百天已成过往，且无法追回，但这段美好可以去记录，更值得去回忆。这一百天过去，女儿由六斤多长到了十二斤，脖子渐渐硬朗，趴在床上可以抬头五六分钟，双脚跷得很高马上要翻身，妈妈一逗就咯咯地笑。我们也在适应女儿，带孩子虽说辛苦，但这辛苦却有滋有味，每当拍出一个嗝简直胜似享受一餐美食，换洗一次尿布不亚于写出一篇美文，能整天陪伴女儿的周末总觉得太匆匆。

我常坐在床边怔怔地看女儿，两只小手摆成投降姿态，两腿弯曲着，胖嘟嘟的小脸，长长的睫毛，身上透着淡淡的乳香，呼吸均匀和缓，有时候做梦也会咧开小嘴笑一阵。醒来的时候，有节奏地手舞足蹈，抓到的玩具往小嘴里填，乌黑闪亮的眼睛，一会儿弯成月牙，对你报以迷人的微笑，一会儿又久久凝视一处，像是虔诚冥想，亦像是执着倾听。

刘再复在《父女两地书》中引歌德诗句"永恒之女神，引导我前行"来比女儿，说自从女儿降生以后，便感到一种来自天外的清新气息在影响着他。女儿刘剑梅说，父亲对她最大的教育就是"童心说"，父亲告诉她，由于人生的艰难和社会环境的恶劣，人很容易变得世故，我们应当拒绝世故，永远保持一种天真。周国平说，孩子的世界是凡尘中所剩无几的净土，走进这个世界的人，或多或少会受到孩子的熏陶，自己也变得可爱。

我能切实感受到这种清新的气息，这是对纯净世界的一种天然的向往和皈依，这样神奇的感受，老天毫不吝啬地给了所有人，只要你去认真体会，即使凡夫俗子也能超凡脱俗。当我们在为所谓不输在起跑线上，过分强调启蒙早教甚至胎教的时候，殊不知你施加教育的对象正在用一种特殊的方式熏陶着你。童心是一种品格，是一种视野，当你用赤子之心直面世故，或许你从孩子身上学到的更多。

曹雪芹写《红楼梦》是为了给闺阁女儿立传，他借宝玉之口述己之言，他认为女儿是水做的，不仅有姣好容颜，更有清纯灵动之气、卓然脱俗之质，宝玉即是一块被至纯的泪水柔化了的顽石，他得益于林黛玉、晴雯、尤三姐等未被世俗尘埃所污染的纯真女神的指引，天然地与蝇营狗苟、奔竞追逐的仕途经济势不两立，他出淤泥而不染，至死保持一份真性情，即使他最终自我放逐，将"木石前盟"和"金玉良缘"全都弃了，但在宝玉身上，体现了童真对世故的胜利，也体现了童真之花的永恒绽放。

感恩女儿的到来与陪伴，让我走上了返回童心的道路，与女儿一起成长，一起从枯燥生活中找寻乐趣，我乐此不疲且受益良多。《道德经》有言，"众人熙熙，如享太牢，如春登台。我独泊兮，其未兆，沌沌兮，如婴儿之未孩。"人能如一潭清水，波澜不惊，澄澈见底，又能心静如常，永葆婴儿般的纯洁天真，这不就是我们向往的归宿吗？

后记
我从未想过要写一本书

时间到了2024年，回望过去的几年，我写了一些文章，有的发表在纸媒上，比如《中国教师报》《山东教育》《德育报》《学校品牌管理》等；有的被一些教育公众平台转载，比如校长派、名校长工作室、对分课堂等。有朋友劝我编辑整理一本书，后来得到几位教育专家的鼓励，从2023年下半年开始，我尝试着整理，几经增删修改，这本《教育是一场温暖的修行》成稿。然而，看着这本凝聚着多年心血的书稿，我的真实想法是：我从未想过要写一本书。

2020年，我被派往潍坊寿光挂职半年，结束后回到局机关分管中小学教学工作。这是一段"颠沛流离"的时光，让我体验了孤独和困顿，也收获了充实和温暖，让我坚定了"进窄门，走远路，见微光"的方向，学会了在相信中坚守，在坚守中成长。这段经历注定在我人生中刻下深远的意义，而这些文章便是一个见证。

我从未想过要写一本书，确切地说，从未想过要写一本言说教育的书，因为言说教育的书很难写。我大学的专业是思政，硕士的专业是哲学，从小喜欢文学，大学时写过小说，后来倾向于写点散文。散文最大的好处就是没有条条框框，也不用太专业，可以自由书写，随意发挥。相比之下，教育文章就难得多，你可能思维敏捷、口才出众，讲起话来头头是道，可一旦下笔，就要求中心明确、逻辑严密、见解深刻、语言流畅等，还要符合政策和规律，所以，针对教育问题，谈自己的观点人人都可以，但写一篇文章，确实是一件难事。

由于难，尽管当前教育写作被极力推广，却依然是一个"窄门"。我把在寿光挂职学习称作我的"教育朝圣"，其间，有幸与潍坊的教育同事有过深入的交往，他们的教育实践和思考，给了我很多触动和启迪。我的文章《学校要留一分"土气"》《校园里的树》《校长要善意待人》等，无不带着潍坊元素。后来我有幸与中国陶行知研究会农村教育实验专委会理事长汤勇先生、"诗性教育"倡导者柳袁照校长相识并见面交流，他们的肯定和鼓励，给了我莫大的信心和力量。

我从未想过要写一本书，我的文字与其说是一种教育的思考，不如说是一种教育的规劝。我的教育文章，你看目录会发现，"让""要""应当"是标题里常用的字词，有的直接用祈使句，有的则带有祈使的语气。如果标题中没有，文章的摘要里也一定有："作为教师，课堂上要慢慢将自己的光芒隐藏，把更多的机会留给学生。""何不来一场毕业典礼，作为我们的最后一课，把孩子们扶上马，再送一程。""诗歌是光，在照亮别人之前，首先照亮自己。"其实，我写的每一篇文章都出于一种劝说、建议或者期望，我试图借助文字表达对坏的教育的驳斥和批判，以及对好的教育的憧憬和向往。

在实际工作中，这些文章的确起到了一些作用，这也是我要继续写下去的一个重要理由。比如《让报栏回归校园》发表后，有的学校竟然重新竖起了报栏；《让校歌在校园唱响》发表后，一些学校开始重视打造校园文化。还有，当我的工作遇到一些瓶颈（很多是因为观念的分歧，对新事物质疑和反对），我没有争辩，而是用文字去说服和感化，比如用《把问题当课题，变难点为亮点》《放手的力量》让"对分课堂"逐渐深入人心；用《学校应该是一个有诗意的地方》《让诗歌成为照亮乡村孩子的一束光》逐步打消了老师们对诗歌教学的疑虑……

我从未想过要写一本书，有价值的文字都是在实践中悟出来的，这些文章与其说是写出来，不如说是做出来的。书名里的"修行"是一个动词，一切教育理念，缺了鲜活的实践，都是冰冷的。书中文章都是实践的感受和思考：2020 年，"小石榴读书"公众号开办，有了《静听石榴花开》；2021 年，我们落实"教师第一"理念，有了《让学校成为教师成长的摇篮》；2022 年，启动农村小学校长论坛，有了《身边有好校长，家门口才有好学校》；2023 年，推广习作教学改革，有了《用"对分"模式推进教学改革》……

"修行"这个词包含个人的主动意愿，忙时不慌，闲时不废，把握每一个当下，珍惜每一段经历，才能收获成长和幸福。第五辑是与自己的对话，记得刚到寿光挂职时，被一种莫名的孤独感包围，当我写下《倾听心灵的对话》，回顾四段基层工作的经历，更加坚定了"向教师学习，为教师服务，与教师同行"的信念，这一信念也成为我的人生格言。第四辑是读书的感悟，杨绛先生说："读书好比隐身的串门儿，参见钦佩的老师，或拜谒有名的学者。"阅读让我们看清世界，发现自己，成为更好的自己，这其实也是一种修行。

我很喜欢褚清源主任在《把课改作为方法》后记里的一段话："从某种程度上说，不是思考了才去写作，而是写作时才能掘进思考。我的职业就是负责表达的，我不想浪费每个时期对教育的思考，哪怕 N 年以后看起来是肤浅的、稚嫩的。出版一本书不是目的，留住一段生活才是目的。我固执地认为，只有文字才是最真挚的岁月留痕，除此之外，皆为旁白。一本书就是一段工作的印记和回望，也是在为一段生活打个结，或许打结的过程就是赋予意义的过程呢！"

　　在这本书即将出版之际，我还在想，我从未想过要写一本书。但已经写了，权且用这些文字为自己过去的几年打一个结，致敬那些真挚的热爱和感人的瞬间，写作赋予了这段经历以美好的意义，那就是"教育是一场温暖的修行"。在这个书名里，按我的理解，"教育"是一种外在的客观存在，"修行"是一种内在的自我生活方式，"温暖"是架在教育与个人之间的一座心桥，是个人对教育生活的一种体察和反省。我坚信，这样的意义会继续指导我今后的教育实践，会一直贯穿我今后的教育生活。

　　这是我的第一本书，由于个人视野和能力的局限，书中很多的观点值得商榷，敬请读者朋友批评指正。感谢汤勇理事长、柳袁照校长为拙作写序；感谢方华主任、褚清源主任、安超老师的倾情推荐；感谢本书责任编辑马明秀老师对书稿的认同和不厌其烦的指导，使我有机会把自己的心路历程与大家分享；感谢家人的理解和支持；更感谢此刻翻开这本小书的您。

　　钱穆先生在《人生十论》中说："事业和性情，乃人生之一体两面。事业在外面，与人共见；性情在里面，惟我独知。"性情指导事业，事业完善性情。在我看来，教育的性情就是教育初心与情怀，干好教育事业需要坚守教育初心和情怀；教育是一场温暖的修行，教育的实践和反思，让我们的教育初心更加清晰笃定，让我们的教育情怀更加博大高远。从事教育工作是辛苦的，也是幸福的，让我们用心、用情深耕自己的教育田园，守望自己的幸福人生！

高　光

2024 年 7 月 30 日

教育发现